Peter Schmidt / Manfred Schumacher

DAS BELLHEIM-MODELL

Peter Schmidt / Manfred Schumacher

Das Bellheim-Modell

Die Wiederentdeckung
der Erfahrung

Wirtschaftsverlag Langen Müller / Herbig

© 1998 by Wirtschaftsverlag Langen Müller / Herbig in
F. A. Herbig Verlagsbuchhandlung GmbH, München
Alle Rechte vorbehalten
Schutzumschlag: Atelier Bachmann, Reischach
Schutzumschlagmotiv: Comstock, Berlin
Satz: Fotosatz Völkl, Puchheim
Druck: Jos. C. Huber KG, Dießen
Binden: Großbuchbinderei Monheim
Printed in Germany
ISBN 3-7844-7381-4

Inhalt

Vorwort 7
Einleitung 10

Kapitel 1: Das Bellheim-Syndrom 13
Bellheim: der Film 13
Die Tugenden des Siegens 15
Immer zu kurz gedacht 16
Das Bellheim-Syndrom 19
Die Ausgangslage 21
Die andere Grundstimmung 22
Des Deutschen Angst vor dem Führer 24

Kapitel 2: Verelendung auf höchstem Niveau –
eine gesellschaftliche Bestandsaufnahme 27
Angst essen Umsatz auf 29
Verelendung auf höchstem Niveau – beileibe kein
Widerspruch! 32
Im Spannungsfeld der Anforderungen 38
Wie wir morgen leben werden 45
Gute Aussichten 49
Keine Ernte ohne Aussaat 51
Bonn ist nicht Weimar – oder doch? 53
Tempo, Wandel und erschwerte Zukunftsplanung . . . 55
Der fünfte Kondratieff – die langen Wellen
der Konjunktur 57
Traditionsverlust – keine Zukunft ohne
Vergangenheit 62
Während wir noch über gestern jammern 65
Die liebe Gewohnheit und die unliebsame
Erwartungshaltung 68
Der soziale Friede steht auf dem Spiel! 70

**Kapitel 3: Warum Erfahrung sammeln, wenn doch
ein Rezept da ist?** 73
Die Entdeckung der Schnell(leb)igkeit 76
Das Rezept der Rezepte: Shareholder-value 87
Einige Fragen zu den langfristigen Auswirkungen ... 92
Wie der Herr, so 's Gescherr 95
Rasante Entwicklung fördert die Beliebigkeit 99
Der lange Schatten der Zukunft 100
Wo bitte geht es zum nächsten Trend? 102
Der Apfel fällt nicht weit vom Stamm 108
Von Bellheim lernen heißt Siegen lernen 111
Bellheim ist ein Mittelständler 114
Bellheim ist ein Dienstleister 115
Bellheim ist ein Optimist 122
Bellheim ist in reifem Alter 124
Bellheim und das Prinzip Verantwortung 125

**Kapitel 4: Gegen Ignoranz und Egoismus die
Gemeinschaft suchen** 129
Werte gegen Ellenbogen 129
Von den Reaganomics zum Gemeinschaftsgefühl .. 131
Gegen das »wüst, wild Wesen in der Welt« – Etzionis
(Wieder-)Entdeckung des Gemeinwesens 134
»Mehr Inhalt, wen'ger Kunst« 139
Mit Kommunitarismus wieder Siegen lernen 143
Zwischen Solidarität und Subsidiarität 155
Gründer und andere Waghalsige 166

**Kapitel 5: Wohlstand bedeutet in jeder Kultur
etwas anderes** 171
Neue gemeinschaftliche Ziel- und private
Selbstfindung in der Bürgergesellschaft 174
Non-Profit bedeutet nicht No Profit 179
Sozio-Sponsoring: fördern und fordern 181

Vorwort

»Es ist vernünftig, die Haltung des Dienens zu verbessern« – so lautete der Text auf einer der ungezählten Wandzeitungen im China der Kulturrevolution. Ein wunderbares Lebens- und Arbeitsmotto, das jedoch in einem Herrschaftssystem, in dem sowieso nur die profitieren, die auch die Propagandamaschine im Besitz haben, keinen Sinn entwickelt.

An uns alle wird derzeit tagtäglich ein ähnlicher Appell gerichtet – die Aufforderung zur Umgestaltung unserer Gesellschaft zu einer Dienstleistungsgesellschaft. Und obwohl ganz bestimmt die Mehrheit der Menschen in diesem Land *theoretisch* versteht, daß es vernünftig ist, die Haltung des Dienens zu verbessern, ist es mit der *praktischen* Veränderung beziehungsweise Umsetzung noch nicht weit her.

Warum dem so ist? Weil bislang nicht deutlich wird, daß »Dienen« jedem einzelnen, und nicht nur denen, die es propagieren, zum Vorteil gereicht. Es gibt in diesem Land noch nicht das überlebenswichtige »Gemeinsam durch die Scheiße«-Gefühl. Und es gibt noch kaum Führungspersönlichkeiten – nicht in der Politik und nicht in der Wirtschaft –, die ein solches Lebensgefühl *glaubwürdig* vorleben.

Mit diesem Problem wollen wir uns im folgenden beschäftigen: mit der Persönlichkeit und den Tugenden einer »Führungskraft«. Wir wollen eine Lanze brechen für einen bestimmten Managertypus, den unsere Gesellschaft wieder dringend benötigt, und haben uns hierfür als Medium den

Bellheim gewählt. Zur Erinnerung: Bellheim ist ein Manager vom alten Schlag im gleichnamigen ZDF-Vierteiler »Der große Bellheim«.

Auch wenn es sich dabei nur um einen Film handelt, zeichnet er letztlich doch ein beängstigendes Bild der deutschen Wirtschaftsrealität. Daß es im Film zu einem Happy-End kommt, hat sicher Mut gemacht. Damit es auch im richtigen Leben zu einem guten Ende, oder besser einer optimistischen Neubesinnung, kommen kann, wird sich jedoch noch sehr viel ändern müssen.

Bellheim und seine Mitstreiter, die Retter aus dem Filmmärchen, verkörpern Fähigkeiten und Tugenden, deren wir bei einer Neubesinnung unserer Gesellschaft bedürfen. Folgen Sie uns auf dem Weg zur Charakterisierung dieses »neuen«, alten Typus Mensch und Führungspersönlichkeit. Wir wollen zeigen, wie ein solcher Manager nach innen und außen positive Wirkung entfaltet und in der Lage ist, sich selbst und seinen Mitmenschen das Gefühl des Siegenwollens und des Siegenkönnens zu vermitteln.

Weil solche couragierten Persönlichkeiten nicht wie Geister aus der Flasche gezogen werden, sondern nur auf dem Boden eines entsprechenden gesellschaftlichen Klimas gedeihen, wollen wir Ihnen denkbare Ansätze für eine solche »Klimaveränderung« vorstellen. Als Beispiel dazu haben wir uns den Kommunitarismus gewählt.

Die Leser, an die sich unser Buch wendet, sind einmal all jene aus Wirtschaft, Politik und Gesellschaft, die in unterschiedlichsten Bereichen Führungsaufgaben und Verantwortung übernehmen. Zum anderen die große Zahl derer, die kritisch und interessiert an der Gestaltung der Zukunft teilnehmen wollen – wohlgemerkt unser aller Zukunft.

Bleibt noch darauf hinzuweisen, daß wir dieses Buch nicht als Vertreter einer wissenschaftlichen Disziplin geschrieben haben. Mehr noch: Wir haben bewußt den Boden der fachwissenschaftlichen Diskussion verlassen, um interdisziplinär, oft auch unkonventionell an unser Thema heranzugehen. Bei dessen Betrachtung haben wir uns nur von einer Methode leiten lassen – der Methode des gesunden Menschenverstands.

Damit wir die von uns diskutierten Probleme auch scharf konturieren können, haben wir das »Modell Bellheim« geschaffen. Wie alle Modelle hat auch dieses nicht Lebensgröße – die Umsetzung auf Lebensgröße würden wir uns von Ihnen, lieber Leser, wünschen.

Der österreichische Zyniker Karl Kraus hat einmal auf seine unnachahmliche Art gesagt: »Wenn die Sonne einer Kultur tief steht, werfen selbst Zwerge lange Schatten.«

Hängen wir die Sonne doch wieder etwas höher.

Peter Schmidt
Manfred Schumacher

Einleitung

Wohin wir auch blicken auf dieser Welt,
überall entwickeln sich die Chancen
aus den Problemen.

Nelson Rockefeller

Jetzt haben Sie den Titel *Das Bellheim-Modell* gelesen und denken womöglich: »Wieder eines dieser Rezeptbücher.« Weit gefehlt! Das vorliegende Buch ist nicht nur *kein* Rezeptbuch, sondern es möchte auch prinzipiell nicht mit einem solchen verwechselt werden.

Gegen die heutige Inflation der Rezeptbücher vertreten wir die Meinung, daß es für unsere Wirtschaft keine Pauschallösungen mehr geben kann. Nicht weil der Wirtschaft nicht mehr zu helfen ist, sondern weil die Zeit der Rezepte vorbei ist. Dazu sind die Verhältnisse, auf die Antworten gefunden werden müssen, zu komplex geworden.

Ein weiterer Abgrenzungspunkt zu den vielen Rezeptbüchern am Markt scheint uns wichtig: Vor uns stehen tiefe Einschnitte ins soziale System, die mit weitreichendem persönlichem Verzicht, betrieblich wie politisch, einhergehen. Die einzige denkbare Umsetzung scheint bisher das Diktat des »Friß oder stirb« zu sein. Wir wollen hingegen zeigen und verdeutlichen, daß eine andere Umsetzungsformel wesentlich erfolgversprechender ist. Wir sprechen von der Methode, die wir als das Bellheim-Syndrom bezeichnen.

10

Hinter dem Bellheim-Modell – richtig umgesetzt und gelebt – steht die Entdeckung des Gemeinwesens, ein neuer Ansatz zur Integration des Sozialen in die betriebliche Zielfindung. Nach innen heißt das, ganz hart ausgedrückt, gemeinsam durch die Scheiße. Nach außen realisieren sich daraus neue Geschäftsfelder und eine tiefere Form der Kundenbindung durch eine neue Integrität und Glaubwürdigkeit.

Patentrezepte kann und will das Buch somit nicht bieten. Jedoch will es der derzeit herrschenden destruktiven und depressiven Grundstimmung eine *andere* Haltung und Gesinnung entgegensetzen. Und es will an Einzelbeispielen aus der deutschen Wirtschaft zeigen, wie sich diese andere Grundeinstellung positiv zum Nutzen aller umsetzen läßt. Kurzum, es soll aufgezeigt werden, wie der deutsche Manager und alle, die im Wirtschafts- und Arbeitsprozeß Verantwortung tragen, ihren Beitrag leisten und wieder Siegen lernen können.

Wieder Siegen lernen bedeutet, daß der Glaube daran und der Wille zum Sieg abhanden gekommen sind. Die Fähigkeit, auch aus einer scheinbar unhaltbaren und verlorenen Situation heraus wieder in die Offensive zu kommen, ist kaum noch auszumachen. Das Buch handelt davon, wie diese Fähigkeit zurückgewonnen werden kann.

KAPITEL 1

Das Bellheim-Syndrom

*Die Anhänger der Entwicklung haben oft
eine zu geringe Meinung vom Bestehenden.*

Bertolt Brecht

Bellheim: der Film

»Der große Bellheim« war ein überaus erfolgreicher Vierteiler im ZDF – überzeugend und prägnant inszeniert von Dieter Wedel, von dem auch »Der Schattenmann« stammt. Vier alte, erfahrene und kampflustige Herren kehren aus dem Ruhestand zurück und reißen in einem fiktiven Kaufhauskonzern noch einmal das Ruder herum, schaffen den Umschwung.

Der Film beschreibt und bringt die Situation, mit der wir uns beschäftigen werden, auf den Punkt. Deshalb soll hier zunächst eine kurze Inhaltsangabe folgen. Unsere Empfehlung wäre: Schauen Sie sich, sofern nicht bereits geschehen, den Film selbst einmal (oder noch einmal) an. Er ersetzt – mit der nötigen Sensibilität – manches Fortbildungsseminar für Manager und veranschaulicht überaus treffend die Charaktermerkmale, die bei Managern die Spreu vom Weizen trennen.

Peter Bellheim hat bereits mit siebenundfünfzig Jahren die aktive Leitung des hannoverschen Kaufhauskonzerns Bellheim abgegeben und lebt in seiner Villa in Marbella. Er wollte einer jüngeren Generation von Managern Platz machen. Tatsächlich jedoch wird das ehemals florierende Unternehmen relativ schnell von unsympathischen, nur auf das schnelle Geld erpichten Yuppies in den Toppositionen übernommen. Während der ausgelassenen Feier zu Bellheims sechzigstem Geburtstag ereilen ihn dann die Hiobsbotschaften aus dem fernen Hannover: Die Rentabilität sinkt dramatisch, man muß sanieren, sein Nachfolger will gar ganze Filialen dichtmachen.

Stark beunruhigt und im übrigen auch etwas angeödet von seinem luxuriösen, aber inhaltsleeren Pensionärsdasein, beschließt Bellheim, nach Hannover zurückzukehren. Hier mal schnell und ganz allein mit einem eisernen Besen durchzukehren reicht nicht. Bellheim merkt das schnell. Mit einigen Schwierigkeiten schafft er es, drei alte Herren zusammenzutrommeln. Hierbei handelt es sich um ehemalige leitende Angestellte, die wie er rasch dahinterkommen, daß sie auch im fortgeschrittenen Alter zwischen fünfundsechzig und fünfundsiebzig für den Ruhestand eigentlich noch zu jung sind.

Zwischen diesen ehemaligen Konkurrenten, ja Gegnern, entwickelt sich im täglichen Miteinander, im Kampf um die gemeinsame Sache mehr als eine Geschäftspartnerschaft: Die Herren Bellheim, Sachs, Fink und Reuther, letzterer wegen seiner früheren Obsession für Tortengrafiken als Tortenreuther betitelt, überwinden allmählich Schrullen und Animositäten und werden zu einem Team, in dem sich jeder blind auf den anderen verlassen kann.

Bellheim hat aber nicht nur mit »hausgemachten« Problemen zu kämpfen. Zusätzlich weckt der Kaufhauskonzern auch noch Begehrlichkeiten bei einer Spekulantenclique, die den Wert des Unternehmens durch diverse Machenschaften stark nach unten drücken, auf dem niedrigsten Kurs kau-

fen, die Läden schließen, die Mitarbeiter schassen und die Häuser und Grundstücke mit hohen Gewinnen abstoßen will.

Doch Bellheim und seine Kumpane, ein gewiefter Einkäufer, ein Mann aus dem Rechnungswesen und ein ehemaliger Gewerkschaftsfunktionär, schaffen es, mit Klugheit, Geschick und Courage den Konzernkarren aus dem Dreck zu ziehen. Die Viererbande macht sich mit aller im Laufe eines langen Arbeitslebens erworbenen Cleverneß an die Arbeit. Der Drahtzieher der Aktienschieberei muß zu Kreuze kriechen, und Bellheim kann sein Imperium noch ausbauen. Den vier älteren Herren hat der Erfolg aber Appetit auf weitere Projekte gemacht, und im spanischen Marbella versuchen sie sich schließlich als Bauherren von Ferienwohnungen.

Die Tugenden des Siegens

Die vier Mitstreiter werden geeint durch eine gemeinsame Idee, ein Ziel, eine Vision – genau das, was in der bundesrepublikanischen Wirklichkeit der neunziger Jahre so schmerzlich vermißt wird. Sie siegen, weil sie über die Tugenden des Siegens verfügen.

Wie sehen diese Tugenden aus? Es handelt sich hierbei um Dinge wie Erfahrung und Weisheit des Alters, Charisma, unbedingten Siegeswillen, Teamgeist, Liebe zum Job, die Fähigkeit zum langfristigen Planen und vor allem Optimismus. Diese werden uns im Film so beeindruckend nahegebracht, daß man sich unwillkürlich fragt, wo alle diese Fähigkeiten im täglichen Leben abgeblieben sind.

Dabei sind sie nötiger denn je. Gerade in einer Zeit der drohenden Verarmung und der völligen Neubestimmung unseres Sozial- und Arbeitssystems wünschen sich die Menschen nichts sehnlicher als zupackende, kämpferische, mitreißende und mit planerischen Fähigkeiten ausgestattete Manager, eben Menschen vom Schlage Bellheims, die aber die deutsche Wirtschaft in den vergangenen, konjunktur- verwöhnten Jahren in genügender Zahl hervorzubringen versäumt hat.

Gerade die Resonanz auf den Fernsehhit vom »großen Bellheim« hat deutlich gemacht, wie verbreitet und tiefsit- zend das Unbehagen über die mangelnde Führungsqualität des Managements mittlerweile ist.

Immer zu kurz gedacht

Wo liegen die Ursachen für die im Gros ungenügende Eig- nung der Führungskräfte für den kommenden Überlebens- kampf? Die Antwort darauf in der Quintessenz: Man hat immer zu kurz gedacht!

Die Wurzeln reichen zurück bis in die sechziger Jahre. Das waren die Jahre des Wirtschaftswunders und des Auf- schwungs, gleichzeitig auch die große Zeit der Amerikani- sierung und der Heiligsprechung des »schnellen« Geldes. Die schnelle Mark zu machen, das war's jetzt. Und das war auch die Aufgabe des Geschäftsführers, der neudeutsch in Manager umtituliert wurde.

Der Monthly Report mußte gut aussehen. Allenfalls noch der Quarterly Report. Denn zum Jahresabschluß war der Manager meist schon nicht mehr im Unternehmen, war auf der Karriereleiter wieder eine Sprosse hochgerutscht, unterstützt von seinem Headhunter.

Dabei blieben – die Computerbranche bietet einen gan- zen Flickenteppich solcher Stories – häufig das Unterneh- men und seine Produkte auf der Strecke, was aber in Zeiten allgemeiner Prosperität nicht allzusehr ins Auge fiel.

Nehmen wir als eindrucksvolles Beispiel WANG Com- puter. Der von IBM einstmals nicht entsprechend gewür-

16

digte Mitarbeiter und begnadete Entwickler Dr. An Wang hatte mit seiner nicht unerheblichen Abfindung eine der Garagenfirmen gegründet, aus denen sich der amerikanische Traum immer wieder speist. Ende der siebziger, Anfang der achtziger Jahre war aus WANG Lab. eines der am meisten bewunderten Computerunternehmen geworden. Das Wachstum schien nicht zu stoppen.

1984 (das Jahresmotto fürs kommende Jahr lautete: »More drive in eighty-five«) machte Dr. Wang in einem internen Schreiben schon die Hochrechnung auf, daß der Umsatz von WANG Lab. im Jahr 2000 größer sein werde als das Bruttosozialprodukt aller afrikanischen Länder zusammen. Obwohl aufgrund der überragenden Technik fast alle Großkonzerne dieser Erde in der Kundenliste zu finden waren, kam es dazu nicht.

Gründe hierfür gab es einige. Entscheidend waren sicher die eingefleischte Abneigung des Firmengründers gegenüber »the enemy Big Blue« (IBM) und der Irrglaube, gegen den damals aufkommenden PC ein eigenes, gleichwertiges System stellen zu können. Nicht weniger bedeutend für das Geschick von WANG war aber auch die Haltung des Managements (wobei WANG wirklich nur stellvertretend für die gesamte Branche steht), das im Gefolge der jährlichen traumhaften Steigerungsraten immer mehr zum Erfolgs- und Selbstvermarkter wurde, ohne dem Geschäft grundsätzliche Impulse und eine Richtung verleihen zu können.

Auch für die mittlere Führungsebene waren die Erfolgsmeldungen das beste Selbstvermarktungsargument. »Bäumchen wechsel dich« hieß das Spiel, und bei dem schwindelerregenden Tempo des Wechsels war an das Entstehen einer tieferen Beziehung zum jeweiligen Brötchengeber nicht mehr zu denken. Dementsprechend war man, und beileibe nicht nur bei WANG, an schnellen Erfolgen interessiert und daran, die eigene Karriereleiter weiter zu zimmern. Längerfristiges Denken, strategisches Planen und taktisches Handeln sind in den letzten zwei Dekaden weitgehend verlorengegangen.

Unsere Gesellschaft ist nicht mehr darauf ausgerichtet, langfristige Planung zu belohnen. Der schnelle Wechsel, das Hopping, signalisiert jugendliche Spritzigkeit und Wendigkeit – und bekommt alle Anerkennung. Wer heute von Visionen spricht, meint in aller Regel etwas, was in drei, höchstens sechs Monaten erreicht werden soll. Wer heute von Visionen spricht, malt immer Umsatz- und Gewinnzahlen aus, nie Inhalt und Veränderung. Ein Bosch, Siemens, Daimler oder Merck würde heute Gefahr laufen, von jedem Kundenberater seiner Hausbank als Spinner enttarnt und ohne Kredit nach Hause geschickt zu werden.

In früheren Jahren gab es noch so etwas wie »Arbeit für alle«. Führungsfehler wurden sozusagen von selbst ausgebügelt. Diese Zeiten sind unwiederbringlich vorbei. Heute werden Führungsqualitäten und strategische Fähigkeiten gebraucht, aber die Management-»Kultur« der letzten Jahrzehnte lastet wie Blei auf uns. Es gehört Zivilcourage dazu, sich gegen den Mainstream der begangenen Fehler zu stellen – auf Alter und Erfahrung, auf Moral und Integrität, Liebe zum Job und zur eigenen Firma zu setzen, anstatt die Gebetsmühle angeblicher Heilslehren mitzudrehen.

Im Laufe der letzten gut dreißig Jahre ist in den Führungsetagen viel verlorengegangen: Kultur, die gewachsene Liebe zum Unternehmen, zu den Produkten, zu den Mitarbeitern. Zur Führungskultur vergangener Tage gehörte das Bewußtsein, daß man sich Verantwortung für die Mitarbeiter und deren Familien aufgeladen hat. An die Stelle dieser Verantwortung ist heute der Shareholder-value getreten.

Je schnellebiger die Zeit wurde, um so volatiler wurde vieles. Es begann die große Zeit der Rezeptbücher: *Sauber verhandeln in zehn Minuten, Zum Topverkäufer in drei*

Tagen, Die fünf großen T, Die drei wichtigen O, Die Lösung heißt Mittelgroß usw. Ein kurzer Gang durch die Wirtschaftsabteilungen der großen Buchhandlungen vermittelt ein recht gutes Bild zum kulturellen Hintergrund in den Führungsetagen.

Von daher ist die Feststellung des amerikanischen Planungsstrategen Dr. Mike Kami gut nachvollziehbar: »Was ich mir wirklich wünsche, ist eine Führungspersönlichkeit, die einfach nur zehn Prozent weniger dumm ist als die anderen. Nicht wie großartig zählt, sondern wie wenig dumm.«[1] Ein zynischeres Bild der Führungsetage zeichnete Hans Magnus Enzensberger: »Das muß man sich einmal vorstellen: Der ganze Laden tapert hinter diesem Top-Mann her durch den Nebel, wie die sieben Schwaben, umgeben von einer Unzahl lauernder Gefahren! Er immer vornedran wie ein gottverdammter Minensucher.«[2]

Das Bellheim-Syndrom

Was haben die Menschen am »großen Bellheim« geliebt? Den langen Atem. Sie haben das geliebt, was heute nur noch wenige in ihrer täglichen Arbeitssituation erleben. Wer vom Alter her das Glück hat, sich noch an die Zeiten der Lohntüte und der getrennten Kantinen für Arbeiter und Angestellte zu erinnern, kann sicher auch die folgende Geschichte noch aus persönlichem Erleben nachvollziehen:

Bis in die sechziger Jahre hinein gab es, auch in größeren Unternehmen, noch den *Chef* oder den Betriebsleiter, der tatsächlich regelmäßig im Betrieb auftauchte, der die Ab-

---

[1] Zitiert nach Minoru Tominaga: Die kundenfeindliche Gesellschaft, Düsseldorf 1996.
[2] Hans Magnus Enzensberger: Blinde-Kuh-Ökonomie, in: Transatlantik.

19

teilungen und Arbeitsabläufe genauestens kannte, der viele seiner Mitarbeiter auch in der Produktion mit Namen ansprechen konnte und an ihrer persönlichen Geschichte teilnahm. Diesen Menschen wurde mit Ehrfurcht begegnet. Ihre Entscheidungen – wie hart auch immer – wurden mitgetragen, und sie haben letztlich das Bild der *Betriebsfamilie* geprägt.

Seit dieser Führungstypus ausgestorben ist, wird er heftig vermißt. Die Geschichten, die ältere Arbeitnehmer von diesen Charismatikern erzählen, sind Legion. Und es ist ein Fehler, dies alles mit dem Hinweis auf Nostalgie abzutun und damit ins Vergessen zu drängen. Ebenso wie der eigene Körper oft instinktiv weiß, was ihm in Zeiten der Krankheit guttut, existieren diese *Selbstheilungskräfte* auch in der Gesellschaft. Daß diese Kräfte nicht mehr wahrgenommen werden, ist leider Teil der schweren Krankheit, die uns derzeit zu Boden drückt.

Wir behaupten, daß es nicht die schlechte wirtschaftliche Lage ist, die für die allgemeine Depression verantwortlich ist. Es ist vielmehr die Unfähigkeit auf den Leitungsebenen, offen und ehrlich mit der schwierigen Situation umzugehen und ein *Wir*-Gefühl, ein *Jetzt-erst-recht*-Gefühl zu schaffen. Die Menschen würden viele Verluste akzeptieren, wenn sie dem Management nur vertrauen könnten, daß es wirklich mitkämpft – nicht auf dem Sprung in die exzellente Abfindung oder auf eine neue Karriereplattform ist, sondern *wirklich mitkämpft und wirklich mitleidet.*

Das unbeschreibliche Gefühl, aus einer ausweglosen Lage heraus doch noch den Sieg zu schaffen, dieses Gefühl ersehnen sich die Menschen. Und wir brauchen Manager, die solche Gefühle erzeugen können.

Die Ausgangslage

Der derzeitigen Grundstimmung wollen wir eine andere Haltung entgegensetzen. Wie sieht die aktuelle Stimmung aus? Sie ist selten optimistisch, meist depressiv. Das vorherrschende Verhaltensmuster ist Fatalismus: Es wird schlechter, und es kann nur noch schlechter werden. So etwa war auch der Tenor der Titelserie des »SPIEGEL« vom 13. Mai 1996: »Schlaraffenland abgebrannt«.

Schlagwortartig läßt sich die geistige, politische, soziale und wirtschaftliche Situation auf folgenden Nenner bringen:

Seit Mitte der achtziger Jahre mehren sich die Anzeichen, daß sich die Lebens- und Arbeitswelt in den wirtschaftlichen Zentralregionen der Welt verändert. Das Stichwort, unter dem sich dieser Trend vollzieht, ist *Wandel zur Informations- und Dienstleistungsgesellschaft*. Nicht nur die Arbeitsplätze, die uns bisher am Leben hielten, bröckeln weg. Die kompletten Vorstellungen von Arbeit sind einer grundsätzlichen Neudefinition ausgesetzt.

Und: Die Sicht auf das Ganze wird erschwert, weil wir uns inmitten der Veränderung befinden. Doch so viel dürfte gewiß sein:

Die Arbeitsplätze werden künftig nicht mehr mit den sozialen Sicherungen ausgestattet sein, wie wir das bislang gewohnt waren.

Die Arbeitsplätze werden künftig nicht mehr in Großunternehmen zu finden sein, sondern in kleinen und mittelständischen Unternehmen.

Die Arbeitsplätze werden künftig hauptsächlich im Service- und Dienstleistungsbereich auszumachen sein.

Die Arbeitsplätze werden künftig sogar selbst geschaffen werden müssen – Selbständigkeit oder Teilselbständigkeit ist angesagt.

Die andere Grundstimmung

Dies sind die Eckdaten, die das derzeitige Stimmungsbild in unserer Gesellschaft bestimmen. Ein Stimmungsbild, das wir als pessimistisch, depressiv, ja fatalistisch bezeichnet haben.

Die Krise wird dadurch verschärft, daß unsere Lebens- und Arbeitsvorstellungen auf den Erfahrungen eines Jahrhunderts oder – wenn wir die Entwicklung ab dem Aufkommen der modernen westlichen Industrienationen mit berücksichtigen – gar mehrerer Jahrhunderte beruhen.

Diesen geronnenen, gewordenen und tradierten Vorstellungen steht etwas fundamental Neues gegenüber, das im Wechselspiel von Alt und Neu ein Höchstmaß an Komplexität hervorbringt und weiter hervorbringen wird. Hier haben sich Rezepte einfach überlebt. Die Komplexität der Verhältnisse läßt eine Reaktion nach erlernten, festen Regeln nicht mehr zu.

Das alles schafft Anpassungsprobleme. Wenn niemand mehr weiß, wie es weitergehen soll und kann, warten alle auf ein Wunder, ein Zeichen. Die kleinen Wunder von heute heißen Benchmarking, Kaizen, Business-Process Reengineering (BPR) oder Internet, auch Globalisierung oder Lokalisierung.

Trends werden mit der gleichen Heilserwartung gelesen wie weiland die päpstlichen Bullen. Obwohl wir alle wissen, daß es *das Rezept* nicht mehr gibt und geben kann, werden die diversen Anleitungen zum Glücklichsein weiter konsumiert.

Resümieren wir: Unsere Gesellschaft ist an einem Wendepunkt angelangt – und wir versuchen beharrlich, mit den Methoden von gestern auch das Neuland von morgen zu beackern.

Statt dessen ist ein Umdenkungsprozeß notwendig, ein harter Kurswechsel in den Köpfen. Dieser Kurswechsel *ist nur mit Optimismus zu schaffen.* Siegen wird letztlich nur, wer an den Sieg glaubt.

Optimismus zu vermitteln und glaubwürdig vorzuleben, ist die wichtigste Aufgabe des Managers und des Politikers im ausgehenden zweiten Jahrtausend.

Indes fehlt es allerorts in den strategischen Schaltstellen, die das Geschick der Zukunft verwalten, an dieser Bereitschaft und der Begeisterungsfähigkeit für die Vision des optimistischen Anpackens.

Wir gehen davon aus, daß eine Trendwende nur mit einer Wende von oben, einem völlig geänderten Herangehen der oberen Leitungsebenen an die Aufgaben der Zukunft erreicht werden kann. Statt Business Reengineering usw. ist dringlichst das *Manager Reengineering* angesagt.

Dieses geänderte Herangehen fängt bei den vorgegebenen Zielen an.

Ziele, einmal definiert, müssen auch gelebt werden.

Harte Zeiten erfordern oft auch harte Maßnahmen. Wir wagen die Behauptung, daß Änderungsprozesse gesellschaftlich und betrieblich eine deutlich höhere Akzeptanz erführen, wenn Sie *von oben nach unten gelebt würden*. Die Zeichen der Veränderung müssen demnach von oben kommen. Einsparungsmaßnahmen müssen von oben her gelebt und sichtbar gemacht werden.

Daraus ergibt sich die Grundaussage und -botschaft unseres Buches:

Die Mitarbeiter benötigen in einer Zeit des drohenden sozialen Abstiegs und der völligen Neubestimmung unseres Sozialstaats den Typ des zupackenden, kämpferischen, mit planerischen Fähigkeiten versehenen Managers – den glaubwürdigen Unternehmer und Manager, hinter dessen Ideen sich die Mitarbeiter gerne sammeln.

Diesen Managertyp, der Visionen und Optimismus ausstrahlt, vorlebt und an seine Mitarbeiter weitergeben kann, wollen wir nachfolgend skizzieren und propagieren. Dabei versteht sich fast von selbst, daß mit Manager nicht nur die Führungskraft in der Wirtschaft, sondern auch der Politiker gemeint ist.

Des Deutschen Angst vor dem Führer

Die typisch deutsche Angst vor dem Führer wird natürlich im Rückgriff auf unsere neuere Geschichte verständlich. Vor Jahrzehnten hat der »große Diktator« und Führer des großdeutschen, sendungsbewußt auf tausend Jahre anvisierten Reichs die Semantik des Wortstammes *führen* auf lange Zeit korrumpiert.

Entsprechend haben die Worte *Führung* oder *Führer,* ebenso abgeleitete Adjektive wie *geführt* im Nachkriegsdeutschland und darüber hinaus einen so negativen Klang, daß jede in diese Richtung gehende Diskussion problematisch wird.

Im Wirtschaftsleben hat die anglo-amerikanische Ersatzvokabel *Manager* lange aus der Patsche geholfen. Jedoch – wie so vieles Modische ist natürlich auch der Manager zu Tode geritten worden, und nachdem jeder Lagerarbeiter zum *Logistikmanager* hochstilisiert war, entstand neuer Bedarf an brauchbaren Kennzeichnungen.

Wenn die Not am größten, Superlative und Elative ihre sprachliche Kraft verloren haben, wendet sich der Mensch gern wieder dem Bewährten, dem Einfachen zu – und so gewinnt die *Führungsdiskussion,* und zwar auf deutsch, wieder an Boden.

Merkwürdigerweise wurde das Führungsmanko in den letzten zwanzig Jahren besonders auf des deutschen Mannes liebstem Kampffeld, dem Fußballplatz, diskutiert und kritisiert. Der *Leitwolf,* und hier sind Namen wie Beckenbauer, Netzer, Breitner oder Cruyff unvergessen, wurde immer geliebt und wird auch immer vermißt. Nachdem nun weltweit das Korsett der Taktik den Spielwitz weitgehend erdrosselt hat, stirbt die Erinnerung an diese Zeiten mit denen aus, die sie erlebt haben.

Durch den zunehmend schwerer werdenden Kampf ums tatsächliche Überleben, durch Arbeitslosigkeit, politische und wirtschaftliche Depression und eine Vielzahl von skandalösen Betrügereien vergleichbar dem Fall Bremer Vulkan wird die öffentliche Diskussion inzwischen von der Suche nach den *Verantwortlichen* beherrscht. Damit einhergehend steht die Frage, wer *führt* und ob richtig *geführt* wird, wieder auf der Tagesordnung. Und in solchen Situationen entwickelt der Bürger oder, allgemeiner ausgedrückt, das Individuum ein besonderes Bedürfnis nach einer charismatischen *Führungspersönlichkeit*, nach einem Lord Nelson (nicht dem Captain Ahab!), der das Schiff durch schwere Gewässer bringt und in dessen Windschatten auch alle anderen ihre Stärken und ihre Individualität ausprägen können.

KAPITEL 2

Verelendung auf höchstem Niveau – eine gesellschaftliche Bestandsaufnahme

Wenn wir eine Grundstimmung benennen sollen, die das vorherrschende Lebensgefühl in der Bundesrepublik am Ende der neunziger Jahre am besten charakterisiert, dann müssen wir als erstes die Angst nennen. Leider. Wir sind eine Gesellschaft der Ängstlichen und Unsicheren geworden, denen feste Orientierung und rechter Weg abhanden gekommen scheinen. Wie wabbelnde Gallerte biegen und zittern wir uns tagtäglich in andere Formen und Richtungen, jammernd und zagend, passiv dahingezogen wie ein Stück Treibholz im Meer sozialer Stürme, politischer Winde und wirtschaftlicher Böen.

Noch am wenigsten Trost wird uns da die Erkenntnis spenden, daß Angst ein zeitloses Phänomen ist, das alle Generationen und Gesellschaften vor uns auch schon heimgesucht hat. Bereits die Griechen erhoben Deimos (die Furcht) und Phobos (die Angst) zu Göttern, denen sie – wie Alexander der Große – vor Schlachten opferten oder – wie die Spartaner – Tempel weihten.

Dabei ist Angst nicht gleich Angst, hat sie doch je nach Dominanz des von ihr beherrschten Lebensgefühls eine negative und eine positive Potenz. Entsprechend muß unterschieden werden »zwischen der Angst, die, wie bei Pascal

27

und Dostojewskij … zu Gott führt, und derjenigen, die Anlaß zur Vermassung des einzelnen ist und in den Abgrund
des Nichts führt. Immer ist dabei die Frage bestimmend, ob
durch Angst, Trauer, Schuldgefühl der Mensch zu sich selber, zu seinen Mitmenschen, zu den ihm wesensmäßig eigenen Entfaltungsmöglichkeiten gelangt, oder ob er umgekehrt von sich, seiner Anlagepotenz, seiner Mitwelt ent-
fremdet und abgeschnitten wird.«[1]

Die augenblickliche Angst der Bundesbürger mag sie
nicht direkt zu Gott führen (obwohl die Steigungskurve bei
den Kirchenaustritten derzeit – Anfang 1997 – gebremst ist).
Der Hang zum Jenseitigen und Unerklärlichen, die Begei-
sterung für alles Esoterische, auch als *vertikale Flucht* bezeichnet, ist jedoch unverkennbar. Wir halten diese vertikale
Fluchtbewegung für folgerichtig, schließlich konfrontiert uns
jede Nachrichtensendung, jeder morgendliche Blick in die
Tageszeitung mit dem Unerklärlichen und Okkulten. Fast
alles, was da an täglichen Entscheidungen zu den Themen
Arbeitslosigkeit, Steuern oder Gesundheit kundgetan wird,
könnte ebensogut das Ergebnis einer Séance wie einer par-
lamentarischen Arbeitsgruppe sein. Alleine das macht angst.

Dabei ist Angst ein generischer Begriff, der den Bürger
in unterschiedlicher Ausprägung heimsucht: Angst vor dem
Verlust des Arbeitsplatzes, vor wirtschaftlicher und politischer Instabilität, dem Wegfall des sozialen Netzes, den steigenden privaten und staatlichen Haushaltskosten, dem Eu-
ro, der wachsenden Kriminalität und der unheimlichen
Macht der Banken, dem knapperen Geld der öffentlichen
Hand und den fiskalischen Beschaffungsmaßnahmen der
Politik über *kreative* Steuerschöpfungen.

Hinzu kommt die Angst vor der fortschreitenden Zerstörung der Umwelt, vor der steigenden Verfügungsgewalt
der Technik über alle Lebensbereiche, der dramatisch wach-

---

[1] Gaetano Benedetti: Die Angst in psychiatrischer Sicht, in: Die Angst.
Studien aus dem C.-G.-Jung-Institut Zürich, Zürich und Stuttgart 1959.

senden Komplexität gesellschaftlicher Wirklichkeit, die eine Findung fester, unverrückbarer Standpunkte immer schwieriger macht. Kritische Zeitgenossen kennen auch die Angst vor dem Abdriften der Öffentlichkeit in eine Schwätzkultur im Zeichen allgegenwärtiger Talk-Shows, die Wichtiges und Unwichtiges, private und öffentliche Belange unter dem Diktat der Einschaltquoten in eine Melange des ebenso Unverbindlichen wie Belanglosen verwandeln.

Zwei der wesentlichsten Punkte wären noch zu erwähnen: die Angst um unsere Rente und die Angst um unsere Gesundheit (siehe die seit gut zehn Jahren wachsende Gesundheitswelle nebst zugehöriger Fitneßindustrie).

Der unermüdliche Nachschub an immer neuen Ängsten hat wenigstens den Vorteil, daß vieles, was uns noch vor zehn Jahren den Schlaf geraubt hat, über Bord gegangen ist. Wer denkt heute noch ernsthaft an den atomaren Overkill, den der Ostblock bis Ende der achtziger Jahre noch als reale Gefahr über unsere Städte und Dörfer zu bringen drohte? Wer denkt noch an die Planspiele im Zeichen des »Fulda Gap«, die Nord- und Osthessen in eine atomare Eiswüste verwandeln sollten, um den Vormarsch der Roten Armee zu stoppen?

Es würde fast ein eigenes Buch rechtfertigen, einmal nachzuprüfen, ob wir Deutschen nicht mit einem unseligen Hang geschlagen sind, in unangemessen dramatischer Weise bei jedem Anlaß *tief betroffen* zu sein. Und ob wir nicht ganz gerne im Skelettanzug Pest- und Mahnwachen stehen?

Angst essen Umsatz auf[2]

Ständige Angst läßt Menschen passiv werden und – erfolglos. Handkes »Die Angst des Torwarts beim Elfmeter« gibt uns schon den Hinweis: Der Torwart wird seine Aufgabe nicht erfolgreich erledigen – vor lauter Angst.

Tatsächlich droht unsere Gesellschaft, sich mit all ihren Ängsten selbst lahmzulegen, und alle diejenigen, die es in der Hand hätten, mit besseren Beispielen voranzugehen, erscheinen planloser denn je.

Kein Wunder, daß dazu auch schon passende Rezeptbücher auf dem Markt sind. Zum Beispiel das Buch »Kostenfaktor Angst«, in dem es heißt: »Ängste sind auf allen Hierarchiestufen eines Unternehmens zu finden. In einem Betriebsklima, das von Angst und Anpassung geprägt ist, gedeihen nur Frust und Mißmut, nicht aber Kreativität und Motivation. Führungsdefizite verhindern neue Produkte und Dienstleistungen. Letztlich gefährden sie die Wettbewerbsfähigkeit eines Unternehmens. Es ist also höchste Zeit, etwas gegen das Angstphänomen zu unternehmen: Die Antwort heißt: *Angstmanagement.*«[3]

Angstmanagement! Wieder eine dieser sinnentleerten Worthülsen. Wird hier nun die Angst *gemanagt?* Oder wird mit oder trotz Angst gemanagt?

Existenzängste, Angst vor Alter und Nutzlosigkeit, vor Krankheit und Arbeitslosigkeit sind heute mehr als verständlich, sie sind genaugenommen *normal.* Angst selbst ist ja auch eine *normale* Lebensäußerung und keineswegs etwas Verwerfliches oder Abseitiges. Angst mahnt uns auch zur Vorsicht, läßt uns Risiken besser abprüfen und ist somit ein wichtiger Schutzmechanismus. Angst kann auch bisher ungeahnte Kräfte freisetzen und uns Dinge tun lassen, die wir uns bis dahin nicht einmal im Traum zugetraut hätten. Im schon zitierten Buch »Kostenfaktor Angst« heißt es dazu unter der Überschrift »Angst als Baumeister«:

»Die große chinesische Mauer, die im 3. Jahrhundert vor Christus von Millionen von Arbeitern erbaut wurde und

---

[2] Ein Wortspiel, bezogen auf den Titel eines Filmes von Rainer Werner Fassbinder: Angst essen Seele auf.

[3] Von Winfried Panse und Wolfgang Stegmann: Kostenfaktor Angst, Landsberg am Lech 1996.

unter der Ming-Dynastie vom 14.–16. Jh. in der heutigen Gestalt erneuert wurde, ist mit Abzweigungen fast 6000 Kilometer lang. Sie ist das größte und längste menschliche Bauwerk und das einzige, das mit bloßem Auge vom Mond aus zu sehen sein soll. Ohne die Angst vor Angriffen der Reiternomaden aus dem Norden wäre dieses Produkt menschlicher Kultur nie erbaut worden.«[4]

Nun muß man nicht mal so weit in die Ferne schweifen, um Belege für den Selbstmotivationsfaktor von Angst zu finden. Es gibt sicher keinen selbständigen Unternehmer, der nicht schon nächtelang wachgelegen hat in der Sorge, wie und ob es überhaupt weitergeht. Das hat Kraft und Fähigkeit zum Krisenmanagement hervorgebracht, die den meisten angestellten Führungskräften in den Großunternehmen leider nicht mehr zu eigen sind. Dabei wurden auch unzählige Ideen, Konzepte, Produkte und Dienstleistungen *aus der Not geboren.*

Eine gesündere Reaktion auf Angst wäre, Umstände zu schaffen, in der die jeweils konkrete Angst keinen Nährboden mehr finden kann. Bei dieser Aufgabe versagt die Führungselite unseres Landes täglich und kläglich. Es wird nichts mehr vorgelebt, was dazu angetan wäre, Vertrauen in den unteren Hierarchiestufen wiederherzustellen.

Statt dessen verhalten sich die in Führungsverantwortung Stehenden meist wie der Märchenkaiser mit seinen neuen Kleidern. Man läßt sich ständig neue Gewänder verpassen von Managementgurus, wie man die heutigen Schneider *unsichtbarer Kleider* nennt. Kritiklos wird alles angezogen, wenn es nur hochgestochen genug formuliert und dargeboten wird. Das sind dann Lehrsätze wie dieser:

»Angstmanagement ist Emotionsmanagement ist Motivationsmanagement ist Kommunikationsmanagement.«[5]

---

[4] Ebd.
[5] Ebd., S. 253.

Wem es gelingt, aus solchen Sätzen, die von ihren Verfassern sogar noch als *Total Quality Management*[6] bezeichnet werden, Handlung abzuleiten, der dürfte auch über die Fähigkeit verfügen, Pudding an die Wand zu nageln.

Für einfache Wahrheiten scheint heute kein Platz zu sein und kaum Bedarf zu bestehen – niemand hat mehr die Courage, deutlich auszurufen: Der Kaiser ist ja nackt, der Kaiser ist splitternackt.

Angst überwinden und den Mut finden zu rufen: Der Kaiser ist nackt, Zivilcourage entwickeln und den schlichten Wahrheiten wieder vertrauen: Das ist der Nährboden, auf dem sich ein gesundes Gemeinwesen und eine florierende Wirtschaft wieder entwickeln können.

Verelendung auf höchstem Niveau – beileibe kein Widerspruch!

Wir haben im vorigen Abschnitt viele individuelle Ängste aufgeführt, und die meisten davon müssen sehr ernstgenommen werden. Insgesamt gesehen haben wir Deutschen jedoch immer noch keinen Grund zum Jammern. Trotz Zurückfahrens des Sozialstaats gehören wir weltweit zu jenen, denen es am besten geht. Wollen wir nicht vergessen: Während wir durch Solidaritätszuschlag und generell knappere Sozial- und Fiskalkassen auf wenige Prozentpunkte unseres Nettoeinkommens verzichten müssen, hat die Regierung der Vereinigten Staaten, die wir uns bekanntlich über Jahrzehnte stets als Vorbild eigener Staats- und Wirtschaftsgestaltung genommen haben, ihre seit der Roosevelt-Regierung bestehende Garantie für den Lebensunterhalt der ärmsten Amerikaner zurückgenommen.

---

[6] Ebd., S. 252.

Wir fürchten den Abbau des Sozialstaats, das Ende des sozialen Friedens, den Abgesang auf die soziale Marktwirtschaft, die uns über vierzig Jahre Konsens, Stabilität und Wohlstand garantiert hat. Der Konsens scheint aufgebraucht, auch der Bundespräsident reihte sich bereits ein in die Reihe der Mahner, die vor den Gefahren warnen, auf Kosten der Schwächeren zu sparen. Wenn denn der Gürtel enger geschnallt werden müsse, dann an allen Bäuchen der Gesellschaft zu gleichen Teilen.

Das trifft sicher den Kern. Dennoch: Wir sind maßlos geworden in vielen Wohlstandsjahren – maßlos im weltweiten Vergleich. Maßlos vielleicht auch deshalb, weil wir im – unserer Haustür und somit subjektiven Befindlichkeit näheren – jahrzehntelangen West-Ost-Konflikt das ebenso wichtige, weil ethisch genauso drängende Nord-Süd-Problem vergessen und verdrängt haben: das Problem des weltweiten Wohlstandsgefälles. Diese Feststellung hat nichts mit konservativer oder progressiver, wie auch immer gearteter parteipolitischer Ideologie zu tun, läßt sich auch nicht daran messen, weil jede Ideologie bislang immer und vor allen Dingen auf nationale und lokale Belange fixiert war, aus diesen ihren Anfang und ihre Rechtfertigung nahm. Wir müssen unsere Welt endlich begreifen als »Projekt Weltethos«[7] im Sinne von Hans Küng, als unser aller Verpflichtung.

Wenn wir uns diese erweiterte, weltweite Perspektive zu eigen machen, dann geißeln wir es nicht gleich als Manchester-Kapitalismus, wenn wir unsere Brillengestelle selbst bezahlen müssen oder nur noch alle vier Jahre zur Kur dürfen. Und wenn von einem Universitätsstudium weniger Jahre bei der Rente angerechnet werden, dann ist das gewiß ein großes Ärgernis für viele, die sich auf Zusagen des Staates verlassen und ihre Zukunfts- und Alterspla-

---

[7] Hans Küng: Projekt Weltethos, München/Zürich ³1991.

nung entsprechend aufgebaut haben, aber vor der weltweiten Perspektive möglicher und tatsächlicher Lebensbe-
dingungen wirken diese Unannehmlichkeiten immer noch
eher trivial.

Dabei wollen und dürfen wir keinem unbilligen Relati-
vismus das Wort reden: Die in unserer Gesellschaft derzeit
frei flottierenden Ängste sind real und berechtigt, Gerechtigkeit und sozialer Konsens stehen angesichts notwendiger Einschnitte auf dem Spiel, die Zukunft ist im Meer
des uns derzeit umbrandenden Wandels unsicherer und
gefährdeter denn je. Und während uns der Weg zurück ver-
sperrt ist, streiten und verheddern sich die von uns ge-
kürten und selbsternannten Baumeister des Standorts
Deutschland über den einzuschlagenden Weg. Wo eindeu-
tige Richtung, feste Führung, konzertiertes und konzen-
triertes Vorgehen notwendig wären, erkennt der durchschnittliche Bundesbürger sehr rasch die diversen Faktoren,
die Entscheidungen be- und verhindern, statt zügig vor-
anzutreiben: Parteiinteressen, Blockade der Lobbyisten,
das auffällige Gegeneinander von Politik und Wirtschaft,
die mangelnde Konsens- und Kompromißbereitschaft der
unterschiedlichen gesellschaftlichen Kräfte, nicht zuletzt
die grassierende Unsicherheit, wem man noch was glauben
soll.

Angesichts dieser Sachlage ist die weltweite Brille notwendig, um nicht vorschnell unserer alten Volkskrankheit,
der Neigung zu Extremen, nachzugeben und uns – nur wenige Jahre nachdem wir uns im Gefühl des Einigungsbooms
bereits überoptimistisch als Wirtschaftsweltmeister fühlten
und als solche auch bereits von etlichen Ländern gefürchtet
wurden – nunmehr in trostlosem Pessimismus selbst zu
Grabe zu tragen, in Pessimismus, der nur lähmt und durch-
setzungsfähigen Ideen und Konzepten abträglich ist.

Hinzu kommt, daß man inmitten einer pessimistischen
Grundstimmung kaum begeistern kann und sich auch
kaum begeistern läßt. Eines ist aber nach unserem Dafür-

34

halten dringend nötig: ein geistiges Klima als Nährboden für Begeisterungsfähigkeit, das unserem wichtigsten Pfund in der internationalen Waagschale – dem Humankapital oder neudeutsch *Human factor* – zu bestmöglicher Geltung und hohem Nutzen verhilft. Wir müssen die Bedeutsamkeit und Wichtigkeit des menschlichen Faktors und der Psychologie der Motivation für gesamtgesellschaftlichen Fortschritt wiedererkennen.

Dabei geht es nicht um Gegenüber- oder Vorrangstellungen nach dem Muster *Mensch und/oder Technik* oder *Technik und/oder Mensch,* sondern um das Bewußtsein, daß alle Technikdiskussion und -weiterentwicklung eingebettet wird in eine Sichtweise, in der der Mensch der wichtigste Erfolgsfaktor ist. Menschen wollen begeistert und motiviert werden, Menschen wollen Perspektiven und Visionen für eine Zukunftsgestaltung, in der sie sich wiederfinden und wiedererkennen können. Und vor allen Dingen wollen und brauchen Menschen Vorbilder.

Wir umgeben und schmücken uns mit den Produkten unserer technologischen Rationalität und Arbeitsteilung, von der neuen Automobilgeneration bis zum supermodernen Handy. Wir sind stolz auf unserer Hände Arbeit und die Erfindungen unserer Gehirne. Statistiken und Bilanzen verschaffen uns Orientierung und (Ein-)Ordnung.

Aber den notwendigen sozialen Sinn, das Warum und Wozu, können sie uns nicht vermitteln. Das können nur Menschen, zu denen wir aufblicken können, die uns mitreißen und forttragen können, die uns ihre Visionen als unser aller Vorstellung nahebringen, die uns Wege zeigen, Brücken bauen und zu neuen Ufern antreiben – nicht mit Zwang und Gewalt, einfach durch die Autorität ihrer Worte und die Wirkung ihrer Taten.

Der Brockhaus definiert den Begriff Vorbild als »Bezeichnung für konkrete lebende oder geschichtliche Personen, die als Leitbild für die eigene Entwicklung und Lebensgestaltung aufgefaßt werden«. Kinder und Jugendliche haben Vorbilder, wobei sie sich mit ihren aktuellen Idolen meist an der Musik- und Sportszene orientieren und anlehnen. Mit dem Eintritt in den *Ernst des Lebens* hört diese Art der Orientierungshilfe keineswegs auf, wobei der Fundus, aus dem die Vorbilder gegriffen werden, hoffentlich aus einer anderen gesellschaftlichen Szenerie kommt. Warum kann es nicht wieder einmal der eigene Chef sein?

Warum auch soll der erwachsene Mensch in der Politik, die sein Lebensgeschick maßgeblich beeinflußt, oder in seiner Rolle als Berufstätiger an seinem Arbeitsplatz diese Vorbilder nicht mehr brauchen? Wo wir doch wissen, welchen prägenden Einfluß sie haben können auf das Verhalten in der jeweiligen sozialen Rolle – für den Mitarbeiter eines Unternehmens oder für den Staatsbürger in seiner Rolle als Wähler, Steuerzahler, Bürger usw.

Auf diesen Effekt der Vorbildfunktion schwört beispielsweise der Paketzustelldienst United Parcel Service (UPS). So müssen in den deutschen Niederlassungen, wenn es Engpässe oder Probleme gibt, auch die Mitglieder des Managements ihre Ärmel hochkrempeln und gemeinsam mit den in Teilzeit beschäftigten Paketverteilern an die Fließbänder und zurück zur *einfachen* Arbeit, mit der jeder von ihnen übrigens seine Karriere bei UPS beginnt. Dem zolle die Belegschaft großen Respekt, und es trage mehr zu Motivation und Identifikation mit dem Unternehmen bei als jede andere Corporate-Identity-Maßnahme, berichtet ein Manager aus der Neusser Zentrale der deutschen Niederlassung.

Gerade in Zeiten, in denen es im Wirtschaftsgetriebe hakt, werden im Repertoire des Ökonomiemanagements frenetisch verfügbare Reformprogramme gesucht und praktiziert, haben Rezepte, deren Erfolg quasi durch den unbedingten Glauben daran unstrittig scheint, Hochkonjunktur. Aber alle Programme, ob Kaizen-Methode, Business-Process Reengineering, Total Quality Management, funktionsübergreifende Prozeßorientierung usw., bringen keinen Erfolg, wenn die Voraussetzungen nicht stimmen. Und die sind ganz, ganz eng mit den Köpfen an der Spitze verknüpft.

Zu diesem Ergebnis kam die Boston Consulting Group in einer Studie zu Innovationspraktiken in rund fünfhundertfünfzig amerikanischen, europäischen und japanischen Firmen. Die besonders innovativen Unternehmen dieser Studie »hatten tendenziell eher weniger zu diesen Programmen (o. a. Reformprogramme – d. Verf.) gegriffen als die innovationsschwachen. Was die Erfolgreichen besonders vom Rest unterscheidet, ist die Qualität ihrer Manager.«[8]

Dieses Ergebnis und die dahinterliegende *einfache Wahrheit* fassen die Autoren in folgender Kernaussage zusammen: »daß Unternehmen nicht von Verfahren gemanagt werden, sondern von Managern«.[9]

Hier nun läßt sich auch die scheinbare Paradoxie der Überschrift dieses Abschnitts auflösen – die *Verelendung auf höchstem Niveau.*

Vor dem Hintergrund des im vorigen Gesagten ist es nach unserem Dafürhalten kein Widerspruch, zu behaupten, daß wir auf höchstem Niveau verelenden – auf höchstem Niveau, gemessen an der erwähnten weltweiten Perspektive, und Verelendung, weil uns Visionen und Konsens abhanden gekommen sind, weil wir Augenmaß und Klugheit verloren haben, weil wir deshalb in Ängsten und Unsicherheiten gefangen sind, weil wir zu sehr auf Rezepte und Programme fixiert sind. Dabei haben wir die *einfache Wahrheit* aus den Augen verloren, daß Management mit Machen und Machern, mit psychologischen und sozialen Prozessen und somit mit Menschen zu tun hat, nicht zuletzt deshalb aus den Augen verloren, weil uns verbindliche Vorbilder

---

[8] Thomas M. Hout/John C. Carter: »Es liegt beim Firmenchef, ob der Wandel gelingt«, in: »HARVARD BUSINESS manager«, 2/1996, S. 60.
[9] Ebd., S. 59.

fehlen, die uns mit Beispiel und Tat Richtung und Sinn vorgeben und vorleben.

Ganz einfach ausgedrückt: Ein Fisch fängt vom Kopf her an zu faulen. Es ist eine der wesentlichsten Leistungen der augenblicklichen ISO-9000-Qualitätsdebatte, immer wieder klarzumachen, daß fast alle Fehler eines Unternehmens an der Spitze ihren Anfang haben. Allerdings sehen wir in unserer täglichen Praxis auch hier den Satz bestätigt: Gesagt ist nicht verstanden, verstanden ist nicht umgesetzt.

Im Spannungsfeld der Anforderungen

Die Bundesrepublik Deutschland steht derzeit im Spannungsfeld unterschiedlichster Anforderungen, die bedingt sind durch ein Ursachengeflecht aus Globalisierung der wirtschaftlichen und Internationalisierung der politischen Handlungsräume, Finanzkrise des Staates aufgrund struktureller defizitärer Einnahmen und umfassendem technologischem, wirtschaftlichem und sozialem Wandel.

Mit der Tendenz deutscher Unternehmen zur globalen Verlagerung ihrer Geschäftsaktivitäten, mit der Internationalisierung von Forschung, Produktion und Vertrieb sowie dem damit einhergehenden Wandel traditioneller industrieller Strukturen ist ein bislang nicht gekannter Wettbewerb der Standorte entstanden.

Aufgrund des hohen Kostenniveaus (Stichwort: Lohnnebenkosten) des deutschen Arbeitsmarktes werden von deutschen Unternehmen derzeit Ressourcen schneller ins Ausland verlagert, als umgekehrt ausländische Firmen in Deutschland investieren. Eine Folge davon sind die negativen Auswirkungen auf dem Arbeitsmarkt, die uns seit geraumer Zeit beunruhigen – und dies zu Recht auch müssen.

Zudem droht die Globalisierung zum Würgegriff zu werden, wie Hans-Peter Martin und Harald Schumann in »Die

Globalisierungsfalle«[10] ausführen. Dadurch seien in den nächsten Jahren in Europa Millionen weiterer Arbeitsplätze gefährdet. In Deutschland allein seien es zusätzlich vier Millionen Vollzeitarbeitsplätze. Dabei hat uns der bisherige Aderlaß auf dem Arbeitsmarkt bereits genug Probleme beschert: In Deutschland gingen im Zeitraum 1991 bis 1995 1,2 Millionen industrielle Arbeitsplätze verloren. Dieser Trend setzte sich 1996 und 1997 fort.

»Unternehmen, die plötzlich keine Grenzen mehr kennen, die im Online-Zeitalter ihre Fabriken rund um den Globus dirigieren, gehorchen anderen, neuen Gesetzen«, kommentiert der Unternehmensberater Roland Berger diese Entwicklung. »Auch emotional koppeln sich die Firmen von ihrem Standort ab.«[11] Bestärkt in ihrem Geschäftsdrang hinaus in die Welt werden sie von den Banken: »Wir müssen uns von Produktionen trennen, die am Hochlohn-Standort Westeuropa nicht zu verteidigen sind«, so der Chef der Commerzbank Martin Kohlhausen Ende 1995.

Durch die Globalisierung und den durch sie ins Leben gerufenen verschärften Wettbewerb hält nicht nur der Exodus auf dem Arbeitsmarkt an: Im Herbst 1997 war jeder achte Erwerbstätige arbeitslos gemeldet. Gleichzeitig hat sich die Zahl der Langzeitarbeitslosen seit 1980 beinahe verachtfacht – Tendenz steigend. Auch haben sich der nationale und der internationale Wettbewerb sowie der gewachsene Steuerbedarf des Bundes zur Deckung des Staatshaushalts negativ auf die Entwicklung des Lebensstandards in der breiten Bevölkerungsgruppe ausgewirkt. Insbesondere klafft seit Jahren die soziale Schere immer weiter auseinander.

---

[10] Hans-Peter Martin/Harald Schumann: Die Globalisierungsfalle, Hamburg 1996.
[11] So zitiert in der »SPIEGEL«-Titelgeschichte »Countdown für Deutschland«, »DER SPIEGEL«, 51/1995, S. 76.

Laut den Zahlen des Deutschen Instituts für Wirtschaftsforschung (DIW) verfügte der durchschnittliche westdeutsche Arbeitnehmer 1995 netto über einunddreißigtausendzweihundert Mark. Das war um die Hälfte mehr als 1980. Berücksichtigt man jedoch die Preissteigerungen für Wohnen, Essen und Trinken, dann wurde der Zuwachs komplett aufgezehrt. Gleichzeitig gingen im selben Zeitraum die Einkommen aus Unternehmertätigkeit und Vermögen stark in die Höhe.

Wer sich wie wir Deutschen im Weltmaßstab wirtschaftlich auf höchstem Niveau befindet und sich dabei vor *Verelendung* fürchtet, macht sich bei genauerem Hinsehen keine Sorgen um die Gegenwart. Unsere Sorgen sind allesamt zukunftsgewandt. Wir ängstigen uns davor, daß es künftig nicht mehr so sein könnte, wie es über die ganzen zurückliegenden Jahrzehnte hinweg war, als unser Blick das olympische *Schneller, höher, weiter* stets auch für die sozioökonomische Entwicklung als ehernes Gesetz festschrieb.

Dabei wird die Angst vor der Zukunft insbesondere an derzeitigen Defiziten in den High-Tech-Industrien, die als Wachstumsmotoren und Beschäftigungs-Jungbrunnen für das nächste Jahrhundert erkannt und angenommen werden, thematisiert und konkretisiert. Berechtigte Zukunftsängste stecken hinter den derzeit häufig gestellten Fragen: Verschlafen wir unsere High-Tech-Zukunft? Sind deutsche Unternehmen und Geldgeber zuwenig risikobereit? Und warum gibt es in Deutschland bisher so wenig Ausrichtung auf Venture capital, auf Risikokapital?

Tatsache ist, daß sich die deutschen Banken bei der Finanzierung innovativer Unternehmen bislang spürbar zurückhalten – weil sie das Risiko hoher Verluste höher bewerten als die Chance überdurchschnittlicher Renditen, weil sie – immer noch – über zuwenig Kompetenz verfügen, neue Techniken und deren Marktchancen zu beurteilen, und vor allem, weil wir in Deutschland auch auf der Seite des Gesetzgebers viel zu lange geschlafen haben. Der Weg für Risikofinanzierung hätte viel früher geebnet werden müssen. Dabei werden neue, grundlegende Entwicklungen bis hin zum Prototypendesign durchaus mit *öffentlichen Forschungsmitteln* gefördert (zum Beispiel durch die Deutsche Ausgleichsbank).

Das Schlimmste dabei ist noch nicht einmal, daß es dann häufig beim nächsten Schritt hapert – der raschen Umsetzung in marktfähige Produkte und deren Einführung in die jeweiligen Zielmärkte. Das Schlimmste ist, daß es in Deutschland noch immer unsägliche Praxis ist, jedes Risiko vom Staat tragen oder absichern zu lassen.

»Die meisten europäischen Geschäftsleute würden es begrüßen, wenn in Europa Finanz- und Wirtschaftsinformationen so einfach zugänglich wären wie in den USA. Bis dahin arrangieren sie sich jedoch ausgezeichnet mit den Dingen, wie sie sind. Jede wirkliche Veränderung dieser Situation muß durch staatliches Handeln bewirkt werden. Der Staat spielt in der europäischen Wirtschaft eine ganz wesentliche Rolle.«[12] Das schrieb Edward A. McCreary bereits vor über dreißig Jahren.

Amerikaner haben sich in bezug auf freien Unternehmergeist gegenüber uns Europäern schon immer im Vorteil gesehen. Es sei dahingestellt, ob zu Recht. Eines jedoch ist sicher: Wenn wir die Gewohnheit, alles und jedes den Staat finanzieren und absichern zu lassen, nicht schleunigst korrigieren, werden wir uns selbst das Genick brechen.

Zugestandenermaßen ist die Finanzierung der Markteinführung die Achillesferse der gesamten Produkteinführung und Basis einer soliden, Innovationen fördernden Politik. Wie sollen junge, innovative Unternehmen Geldgeber für diesen letzten, entscheidenden – und kostspieligsten – Schritt finden, wenn sie nach wie vor an den klassischen Kriterien der Finanzwirtschaft für eine Kreditvergabe ge-

---

[12] Aus: Edward A. McCreary: The Americanization of Europe, New York 1964.

messen werden? Einige Banken haben die Marktchancen gesehen und wollen innovativen Firmen künftig den Kapitalerhalt sowohl in Form von Beteiligungen als auch durch eine unbürokratischere Vergabe von Krediten erleichtern. Dahinter steht die Zielsetzung, die *Time-to-Market*-Fähigkeit der deutschen Wirtschaft zu verbessern, das heißt, die Zeitspanne zwischen der Grundlagenforschung und dem Zeitpunkt der Markteinführung zu verkürzen.

In Deutschland sind heute über hundert Anbieter von Wagniskapital auf dem Markt. Allerdings hat es ganze zwanzig Jahre gedauert, bis man in Deutschland bei einem Venture-capital-Bestand von einer Milliarde DM angelangt war und 1995 endlich fünfeinhalb Milliarden Mark erreichte. Die jetzige jährliche Steigerungsrate von einer Milliarde läßt langsam optimistischer in die Zukunft schauen.

Es ist auch allerhöchste Zeit: Die Investitionsbereitschaft der Banken, Wagniskapitalanbieter und auch privater Investoren in den innovativen Technologiebereichen wird immer wichtiger, weil von staatlicher Seite in Anbetracht des bevorstehenden Wegs zur gemeinsamen Währung und der schwelenden Finanzkrise derzeit die Ausgabenbremse gezogen werden muß.

Der von Forschungsminister Jürgen Rüttgers und Wirtschaftsminister Günter Rexrodt im September 1996 vorgelegte Bericht zur »Bestandsaufnahme, Bewertung sowie Ableitung von Konsequenzen für die Forschungs- und Innovationspolitik am Standort Deutschland« macht sich stark für eine intensivere Forschung in zukunftssicheren Technologiebereichen mit dem Ziel neuer industrieller Kompetenzzentren. Gerade kleine und mittelständische Unternehmen, die bislang häufig ins Ausland gehen, um ihre Produkte und Verfahren zu vermarkten, sollen zum Bleiben bewogen, ihre Rolle in Forschung und Entwicklung gestärkt werden. Dafür wurden ab 1997 besondere Mittel bereitgestellt.

Zwar scheint es, als hätte man aus in der Vergangenheit

gemachten Fehlern gelernt – in Wirklichkeit stehen solche Maßnahmen jedoch eher für ein Herumdoktern an Symptomen. Eine der wesentlichsten Ursachen, warum deutsche Entwickler und Ingenieure in vielen Bereichen weniger Patente als ihre Kollegen aus den USA und Japan anmelden oder für Forschung und Vermarktung lieber gleich ins Ausland gehen, ist die schreckliche Verbürokratisierung unserer Republik. Die hierzulande anfallenden Kosten und Zeitspannen ruinieren unsere internationale Wettbewerbsfähigkeit. Daraus folgt: Die Vergabe von Fördermitteln ist ein lobenswerter Ansatz, damit diese Maßnahmen jedoch greifen, müssen Mittel und Wege gefunden werden, die berüchtigte deutsche Bürokratie auf das Notwendigste herunterzustutzen.

Roman Herzog hat diesen Bürokratismus in seiner viel Aufsehen erregenden Rede vom 26. April 1997 attackiert: »Er (gemeint ist der Bürokratismus – d. Verf.) trifft ... die großen und kleinen Unternehmer, und er trifft ganz besonders den, der auf die verwegene Idee kommt, in Deutschland ein Unternehmen zu gründen. Bill Gates fing in einer Garage an und hatte als junger Mann schon ein Weltunternehmen. Manche sagen mit bitterem Spott, daß sein Garagenbetrieb bei uns schon an der Gewerbeaufsicht gescheitert wäre.«[13]

In der Tat scheint die Entdeckung gerade der kleinen und mittelständischen Unternehmen als Wirtschafts- und Produktivitätsfaktor durch Politik und Öffentlichkeit überfällig, sind sie doch, und nicht die Großunternehmen und Konzerne, de facto schon seit langer Zeit die wichtigsten Verbündeten im Kampf um die Sicherung des Wettbewerbsstandorts Deutschland.

Immerhin erweiterten im Jahr 1995 Firmen mit bis zu neunzehn Mitarbeitern ihren Beschäftigungsstand in den

---

[13] »Aufbruch ins 21. Jahrhundert«, Ansprache von Bundespräsident Roman Herzog im Hotel Adlon (Berlin) am 26. April 1997.

alten Bundesländern um insgesamt siebzigtausend Beschäftigte, während größere Unternehmen Stellen abbauten – allein die mit fünfhundert bis fünftausend Beschäftigten hundertzweiundsechzigtausendfünfhundertzehn Stellen.

Daraus ergab sich für 1995 folgende Beschäftigungsverteilung: 8,28 Millionen Erwerbstätige waren in Betrieben mit bis zu neunzehn Mitarbeitern beschäftigt, 6,83 Millionen in Betrieben mit zwanzig bis neunundneunzig, 6,4 Millionen in Firmen mit hundert bis vierhundertneunundneunzig, 6,1 Millionen in Unternehmen mit fünfhundert bis fünftausend und nur 1,2 Millionen in Betrieben mit über fünftausend Beschäftigten. In Klein- und Kleinstbetrieben, sogenannten Garagenfirmen, wurden durchschnittlich drei neue Arbeitsplätze geschaffen. Auf diese Weise fanden zweihundertsechsundsiebzigtausend Bundesbürger eine neue Beschäftigung.[14]

Sehr aussagekräftig ist auch das Zahlenmaterial einer »CHEF«-Studie. Danach bestreiten kleine und mittelständische Betriebe zweiundvierzig Prozent aller Investitionen, erzielen achtundvierzig Prozent der gesamten Wirtschaftsleistung und zweiundfünfzig Prozent des Gesamtumsatzes, beschäftigen achtundsechzig Prozent aller Arbeitnehmer und bilden vierundachtzig Prozent aller Lehrlinge aus.[15]

Unbürokratisch ist ein Lebensprinzip des Mittelstandes. Aufgrund seiner direkten, spürbaren Nähe zu Kunden und Lieferanten hat der mittelständische Unternehmer nie verlernt, sofort und mit Risiko zu handeln, den *unbürokratischen* Weg zu gehen. Wo sich alle Großunternehmen endlose Bearbeitungswege (noch) leisten können und – egal ob Großbanken, Versicherungen, Autokonzerne oder Siemens – den Kunden generell zum *Bittsteller* degradieren, müssen kleine und mittelständische Unternehmen bei Strafe ihres Untergangs *direkt* reagieren. Deshalb wird auch der Um-

---

[14] Vgl. Minoru Tominaga: Die kundenfeindliche Gesellschaft, S. 107.
[15] Vgl. ebd.

Bitte senden Sie uns / mir über eine
Buchhandlung Ihrer Wahl:

Günther Schlag
___ Ex. **Abenteuer Führung**
386 S., DM 48,–/öS 350,–/sFr 44,50

Alfred Mohler
___ Ex. **Die 100 Gesetze
überzeugender Rhetorik**
304 S., DM 34,–/öS 248,–/sFr 31,50

Wolfgang Denz
___ Ex. **Erfolgsfaktor Verkauf**
200 S., DM 48,–/öS 350,–/sFr 44,50

☐ Bitte informieren Sie mich über alle Ihre
Neuerscheinungen

Anschrift des Bestellers:

Name/Vorname
_____

Straße
_____

PLZ/Ort
_____

Datum/Unterschrift
_____

**Wirtschaftsverlag
Langen Müller/Herbig
Thomas-Wimmer-Ring 11**

80539 München

Die Bücher der Erfolgreichen

Hans Günther Schlag
Abenteuer Führung
Der Weg nach oben

Grundlagen der Führung und Motivation, Probleme und Lösungsstrategien werden kompetent und praxisnah dargestellt. Der unentbehrliche Erfolgswegweiser für alle, die mit Führungsaufgaben betraut sind.

Alfred Mohler
Die 100 Gesetze überzeugender Rhetorik

Die Fähigkeit, seinen Gedanken frei von Hemmungen klar Ausdruck zu geben, ist einer der wichtigsten Schlüssel zum beruflichen und gesellschaftlichen Vorwärtskommen. Reden richtig vorbereiten, gliedern und gekonnt vortragen.

Wolfgang Denz
Erfolgsfaktor Verkauf
Handeln im Wandel

Ein Verkäufer braucht Rückhalt und Feedback. Er kann nur so gut sein, wie es ihm seine Führungskraft erlaubt. Nachhaltiger Erfolg im Außendienst ist nur möglich, wenn alle zusammenwirken und den Verkauf als Management-Aufgabe begreifen.

bau unserer Gesellschaft zu einer Dienstleistungsgesellschaft aus dem Mittelstand kommen. Und deshalb ist auch die wichtigste Aufgabe des Gesetzgebers, kurzfristig den Abbau bürokratischer Hindernisse bis hin zu einem für den Normalbürger verständlichen Formularwesen zu betreiben.

Wie wir morgen leben werden

Unsere Zukunft ist durch eine Reihe von Herausforderungen gekennzeichnet, die unter anderem aus den eben geschilderten Anforderungen resultieren. Wir sind herausgefordert durch die fortschreitende Internationalisierung (Globalisierung), die technologische Entwicklung und durch den Wertewandel. Die Internationalisierung prägt unserer Gesellschaft ihren Stempel auf: durch unsere wachsende Abhängigkeit vom Außenhandel, die Umsetzung des europäischen Binnenmarktes sowie auch die Öffnung der Grenzen zum Osten, die weitere Wachstumschancen, aber auch zusätzlich Konkurrenz auf dem heimischen Arbeitsmarkt mit sich bringt.

Technologisch sind wir gefordert durch die rasante weltweite Innovation in den Basistechnologien *Mikroelektronik* sowie *Bio- und Gentechnik.* So liegt der Produktzyklus im Bereich der Mikroelektronik, die ein breites Anwendungsfeld abdeckt, heute bereits um die zwei Jahre. Alle zwei Jahre etwas Neues, alle zwei Jahre neue Investition, alle zwei Jahre Umdenken.

Hinzu kommt, daß die Information zur »leitenden Grundtechnologie«[16] wird, die künftig die Entwicklung in

---

[16] Vgl. Karl Heinrich Oppenländer: Entwicklungstrends in der Wirtschaft, in: Karl Heinrich Oppenländer, Werner Popp (Hrsg.): Innovationsprozesse im europäischen Raum. Rahmenbedingungen, Perspektiven und Risiken, München 1991, S. 38.

Wirtschaft, Gesellschaft und Kultur maßgeblich bestimmen wird. Wir befinden uns im Übergang von der traditionellen Industrie- zur Informationsgesellschaft. Auch wenn die Entwicklung dahin wohl erst Ende des einundzwanzigsten Jahrhunderts abgeschlossen sein wird – wir sind mitten in den Geburtswehen und lernen gerade die Atemtechnik. Zudem läßt die derzeitige Innovation im Bereich der Bio- und Gentechnik noch in diesem Jahrzehnt signifikante Entwicklungen in den Bereichen Chemie und Medizin erwarten, was wiederum noch nicht absehbare Auswirkungen haben wird auf Volksgesundheit, Lebenserwartung und allgemeine Lebensqualität. Wie üblich, wird in Deutschland nicht über die positiven Optionen solcher Technologien gesprochen. Die Debatten sind, wie immer, beherrscht von apokalyptischen Vorstellungen, die in ihrer generellen Technikfeindlichkeit zwar einerseits rührend sind, unsere Innovationsfähigkeit aber schon stark beschädigt haben.

Der Transrapid, ob man ihn möchte oder nicht, ist ein sehr gutes Beispiel dafür. Mehr als fünfundzwanzig Jahre beschäftigten sich die Techniker mit dieser Idee. Gebaut wurde er nicht, weil auf der einen Seite – nennen wir sie die wirtschaftliche – überwiegend mit falschen Zahlen operiert wurde und das komplette Risiko natürlich dem Staat aufgebürdet werden sollte. Die andere Seite – sagen wir die deutsche Befindlichkeit – ist gegen diese Technologie Sturm gelaufen, als handele es sich um ein radioaktiv verseuchtes Gebilde oder ein unkontrollierbares Chemiewaffenlabor auf Schienen. Und die Politik ist in diesem Spannungsfeld regelrecht handlungsunfähig geworden. Dazu paßt die *mutige* Entscheidung, daß der Transrapid jetzt gebaut wird – bis zum Jahr 2005. Die Kosten für den Transrapid liegen übrigens etwa so hoch wie die Subventionen für den Kohlebergbau.

Bürokratie, Betroffenheitswahn und Risikofeindlichkeit sind ein furchtbares Triumvirat. Mit dem Abbau der Bürokratie werden jedoch auch die beiden anderen Faktoren ihre Bedeutung verlieren.

Wir waren gerade bei den Subventionen für den Kohlebergbau.

Das Verhalten, das typisch ist für Familie Sperling im Nest, hat in Deutschland auch politischen Symbolcharakter: Wer am weitesten den Schnabel aufsperrt, kriegt den dicksten Wurm. So geschehen Anfang 1997, als die Kumpels von Saar und Ruhr in einem großangelegten Protest der Politik die Zähne und ihre Grenzen zeigten und erst einmal ihre Zechen sichern konnten – wenngleich mit ungewissem Ausgang. Die Zeche (!) zahlen weiter die Steuerzahler. Die Strukturprobleme, vor Jahrzehnten durch die Politik im Zeichen voller Kassen als Steuergeschenke, Subventionen genannt, mitverschuldet, bleiben bestehen.

Das Bild, wie es sich dem Bundesbürger seit langer Zeit zeigt, läßt sich so verallgemeinern: Die Politik ist geprägt von Rat- und Konzeptionslosigkeit, Ausprobieren ersetzt zielstrebiges und richtungweisendes Handeln. Jeden Tag taumeln die Lenker auf dem Staatsschiff hin und her, stopfen uns und sich Wachs in die Ohren gegen den Gesang der Sirenen und ihre wohldosierten Schreckensnachrichten und müssen doch wie Odysseus fürchten, zwischen Skylla und Charybdis gefangen, keine Aussicht auf Rettung mehr zu haben.

Wenngleich wir jedem Politiker fairerweise zugestehen müssen, daß politisches Handeln angesichts der diversen Entwicklungen im zurückliegenden Jahrzehnt immer schwieriger geworden ist, gibt es jedoch keine Entschuldigung dafür, diese Ratlosigkeit auf die gesamte Gesellschaft abstrahlen zu lassen. Wir sehen heute schon, wie sehr sich Ratlosigkeit in Angst, Depression und Untergangsstimmung verwandelt hat. Dies wiederum wird, schneller als uns lieb sein wird, sehr wahrscheinlich in Tendenzen münden, die allesamt wenig erfreulicher Natur für das Gemeinwesen sind und sich in unterschiedlichen Ausprägungen von politischer Desinteressiertheit und Apathie bis hin zur völligen Erosion an den Außenseiten unserer Gesellschaft darstellen werden.

Unter diesen Bedingungen an eine allgemeine Aufbruchsstimmung zu glauben ist unmöglich. Dazu müßte eine verbindliche Richtung vorgegeben werden mit einer gemeinsamen Vision von Zukunft. Statt einer Richtung und einem Ziel werden in hektischer Betriebsamkeit stetig neue und unterschiedliche Richtungen und Ziele aufgetischt, ebenso schnell wieder verworfen und durch neue ersetzt, die aufgrund ihres inflationären Charakters immer mehr an Legitimation und Glaubwürdigkeit verlieren.

Die Gefahr, die dieser Mißstand für unser Gemeinwesen bedeutet, benennt das »Wort des Rates der Evangelischen Kirche in Deutschland und der Deutschen Bischofskonferenz zur wirtschaftlichen und sozialen Lage in Deutschland« vom 22. Februar 1997: »Es genügt nicht, das Handeln an den Bedürfnissen von heute oder einer einzigen Legislaturperiode auszurichten, auch nicht allein an den Bedürfnissen der gegenwärtigen Generation. Zu kurzfristigem Krisenmanagement gibt es manchmal keine Alternative. Aber das individuelle und das politische Handeln dürfen sich darin nicht erschöpfen. Wer notwendige Reformen aufschiebt oder versäumt, steuert über kurz oder lang in eine existenzbedrohende Krise.«[17]

Was wir brauchen ist Optimismus. Wir haben viele Chancen und versuchen uns an keiner, weil uns der Glaube an eine *gute* Zukunft fehlt. Warum nicht mal eine Nachricht, die lautet: Fast neunzig Prozent aller Deutschen haben Arbeit, und es gibt mehr als dreihunderttausend offene Stellen. Da hören wir schon die deutschen Bedenkenträger

---

[17] »Für eine Zukunft in Solidarität und Gerechtigkeit«, hrsg. vom Kirchenamt der Evangelischen Kirche in Deutschland und vom Sekretariat der Deutschen Bischofskonferenz, Hannover und Bonn 1997, S. 7.

aufschreien: Beschönigung! Manipulation! Ja, das stimmt – es ist Manipulation. Manipulation einmal hin zur positiven Grundstimmung, weil bisher alles in die gegenteilige Richtung interpretiert wird. Und in einer ansonsten völlig gleichen *Versuchsanordnung* wird ein Mensch, der an eine Zukunft *glaubt,* immer dem Menschen überlegen sein und mehr Erfolg haben (bei einer Arbeitsplatzsuche, einer Unternehmensgründung, bei seiner Zukunftsplanung) als der Mensch, der generell nicht mehr an einen guten Ausgang glaubt.

Dieser psychologische Aspekt wird immer wieder kleingeredet oder ganz geleugnet. Vielleicht wollen wir auch nicht mehr wahrhaben, daß wir zu einer Gesellschaft der Zweifler geworden sind.

Gute Aussichten

Der Umbau unserer Gesellschaft von einer *Yes, but*ter-Gesellschaft in eine *Why not*ter-Gesellschaft ist überfällig.

Chancen, es wurde schon angesprochen, haben wir reichlich.

- **Der Markt.** Wir haben als Land im Herzen Europas einen der kaufkräftigsten Weltmärkte (mit rund siebenhundert Millionen Menschen) quasi vor der Haustür. Hierüber bieten sich uns beachtliche Wachstumsimpulse.
- **Dienstleistung.** Der Dienstleistungsbereich liegt bei uns noch ziemlich brach. Während in den USA heute bereits drei von vier Menschen ihr Geld mit Dienstleistungen verdienen, sind es bei uns erst etwas mehr als zwei von vier. Hier winken künftig zusätzliche Arbeitsplätze und Bruttosozialproduktzuwächse – sofern dieses Potential von Staat und Wirtschaft richtig ausgeschöpft wird.
- **Teilzeitarbeit.** Die Teilzeitarbeit, derzeit erst von rund je-

dem fünften Beschäftigten praktiziert, bietet Chancen, die künftig besser genutzt werden müssen. Warum sollte das Beispiel der Niederlande nicht auch bei uns Schule machen, wo auch Langzeitarbeitslose und sogenannte *hoffnungslose Fälle* auf dem Arbeitsmarkt über diese Beschäftigungsform eine Chance erhalten?

- **Telearbeit.** Die Telearbeit, eine wichtige Befähigungstechnik für Teilzeitarbeit und ein Motor für flexible Arbeitszeitgestaltung, wird bislang bei uns erst unterdurchschnittlich genutzt. Knapp hundertvierzigtausend deutsche Telearbeiter berechnete das Marktforschungsinstitut International Data Corporation (IDC)[18] für 1997. Im Jahr 2001 sollen es hundertneunzigtausend sein. Verglichen damit ermittelten die Marktforscher für Großbritannien, den europäischen Spitzenreiter in Sachen Telearbeit, dreihundertsiebentausend für 1997 und siebenhundertsiebzehntausend für 2001. Der größte Hemmschuh für die Akzeptanz der Telearbeit in Deutschland sind die Manager, die dieser neuen Arbeitsform bislang eher mit Mißtrauen begegnen und nicht auf die bisherige Kontrolle ihrer Mitarbeiter am betrieblichen Arbeitsplatz verzichten möchten.

- **Multimedia/Telematik.** Der erst am Beginn seiner gigantischen Entwicklung stehende Telematikmarkt, aus der Verschmelzung von Computern, Telekommunikation, Informationsmedien und Unterhaltungsindustrie hervorgegangen, bietet ein Milliardenpotential, das durch entsprechende Bestimmungen, Exporthilfen und Förderprogramme ausgeschöpft werden muß.

- **Arbeitsplätze halten und schaffen künftig kleine und mittelständische Unternehmen und nicht mehr die Großunternehmen.** Dieser Trend bietet eine Chance für die Be-

---

[18] IDC-Bulletin »The Remote Access Potential: Western European Mobile Workers, Telecommuters, and Internet Users Forecast«, 1995–2001, Februar 1997.

standssicherung unseres Systems, die von der Politik zur Kenntnis genommen werden muß. Das zieht als Forderung nach sich: eine für diese Unternehmen günstigere Besteuerung und Förderung, zudem eine generell größere Anerkennung des von ihnen geleisteten gesamtgesellschaftlichen Beitrags. Bis dahin ist es noch ein weiter Weg, wenn man nur bedenkt, daß bislang jeder neue Arbeitsplatz in kleinen und mittleren Betrieben rund siebentausend Mark Verwaltungskosten verursacht, die der Unternehmer allein aufbringen muß.

- **Die Arbeitsplätze werden bei uns künftig und in verstärktem Maßstab selbst geschaffen.** Dieser Trend zur Selbständigkeit, der gerade für Berufseinsteiger neue Arbeitsplätze schafft, muß durch staatliche Hilfen (und sei es nur durch Erleichterung der gesetzlichen Rahmenbedingungen bei der Vergabe von Risikokapital) insbesondere bei der Kapitalbeschaffung gefördert werden. Mit der Lust auf Selbständigkeit, die oft durch mangelnde Perspektive oder Alternative begünstigt sein wird, dürfte sich nicht nur das bislang schlechte Image der Selbständigkeit in unserer Gesellschaft verbessern, sondern könnte auch ein ganz neuer Arbeitsmarkt der Ein-Personen-Selbständigen entstehen, die sich aus bisherigen Angestellten- und 610-Mark-Beschäftigungsverhältnissen entwickeln. Eine echte Aufgabe für den Gesetzgeber, eine Forderung an die Wirtschaft – die erforderlichen Rahmenbedingungen müssen geschaffen werden.

Keine Ernte ohne Aussaat

Um die Chancen zu nutzen, die Ernte einfahren zu können, sind gravierende Änderungen notwendig und müssen Hindernisse beseitigt werden, von denen wir einige noch einmal stichwortartig aufzeigen wollen.

- **Die Arbeitsplätze bieten den Beschäftigten künftig nicht mehr die sozialen Sicherungsgarantien, die wir in den zurückliegenden Jahrzehnten gewohnt waren.** Privat finanzierte Vorsorge- und Absicherungsmodelle treten immer stärker an ihre Stelle. Diese Entwicklung begünstigt nicht nur den Trend zur Selbständigkeit, weil die bislang unterschiedlichen Risiken für Selbständige einerseits und Arbeiter/Angestellte andererseits zunehmend identisch werden, sondern ist kurz- und mittelfristig in der Übergangsphase mit Verteilungskämpfen belastet, die die Krisenanfälligkeit unseres Staatswesens erhöhen.

- **Deutschland könnte den Weg in die weltweiten Wachstumsmärkte der Zukunft, insbesondere Telematik-, Chemie-/Pharma- und Umweltsektor, verschlafen,** was wiederum die Kapitalabwanderung und den Arbeitsstellenabbau beschleunigen dürfte. Gründe hierzu sind im vorigen ausführlich beschrieben.

- **Die Beharrungstendenzen unseres aufgeblähten Verwaltungsapparats widerstehen zu sehr und zu lange den heutigen Anforderungen an eine effiziente, ökonomische und unbürokratische Verwaltung.** Weil kostengünstigere Privatdienstleister in Bereichen wie den sozialen Diensten, Kultur, Bildung, Freizeit oder Sport außen vor gehalten werden, werden unnötig Gelder gebunden, die ansonsten in den siechenden Sozialetat fließen könnten. Zudem werden durch die ausufernde Verwaltungsbürokratie wichtige Innovationen und eine rasche Umsetzung von Ideen in Entscheidungen und Produkte verhindert.

- **Die Politik scheut trotz dringend notwendiger Restrukturierung weiterhin das Risiko der schonungslosen Wahrheit,** serviert, weil sie die Wähler (gerade vor Wahlen, die leider immer irgendwo vor der Tür stehen) nicht mit unbequemen Wahrheiten verprellen möchte, Reformen oder Einschnitte scheibchenweise, zieht die Schraube fast tagtäglich weiter an, statt sich zu glatten Schnitten durchzuringen – und verursacht damit maßgeblich eine wachsende Verunsicherung beim Bürger. Ausbleibende Entscheidungen verhindern zudem Investitionen und bewirken umgekehrt Kapitalabwanderungen, die uns in der augenblicklichen Lage immer weiter an die Wand fahren lassen.

- **Wir erleben derzeit die Korrosion unseres Mittelstands.** Facharbeiter, Angestellte und Manager müssen sich heute Angst um ihren Arbeitsplatz und ihre Zukunft machen. Die Angst vor dem Absturz geht zu Recht in breiten Schichten des traditionellen deutschen Mittelstands um. Weimar droht!

Bonn ist nicht Weimar – oder doch?

Im Sozialkundeunterricht haben wir sie gehört, in Zeitungen oft gelesen: die Feststellung, daß Bonn nicht Weimar ist. Es war im Werdegang der jungen Bundesrepublik über viele Wachstumsjahre hinweg ein geflügelter und gleichzeitig Sicherheit verheißender Ausspruch.

Das könnte sich angesichts der derzeitigen Tendenzen rasch und unangenehm ändern. Wir erleben derzeit die schleichende Zerstörung des bundesdeutschen Mittelstands und sind ob dieser Entwicklung tunlichst gehalten, uns ähnliche Entwicklungen und nachfolgende Zustände während der Weimarer Zeit vor Augen zu halten. Die Zerstörung des demokratischen Systems begann nicht erst mit dem New Yorker Börsenkrach Ende Oktober 1929, sondern bereits 1923 mit dem Beginn der Hyperinflation. Sie begann als mentales Problem, als schleichende und sich danach immer stärker in den Köpfen festsetzende Angst vor dem Abrutschen und dem Ruin.

Diese Angst traf nicht nur den alten Mittelstand (Handwerk, Kleinhandel und Hausbesitz), sondern auch die damals neuen gehaltsabhängigen Mittelschichten der Ange-

53

stellten und Beamten. Der Mittelstand sah sich seit langem in seiner wirtschaftlichen Existenz bedroht und zeigte nach einer Phase zwischenzeitlicher Stabilisierung (1924–1929) im Zuge der Weltwirtschaftskrise (1929–1933) endgültig soziale und politische Auflösungstendenzen. »Die Radikalisierung der Mittelständler eskalierte in einem solchen Maße, weil die langfristige strukturelle Schwäche dieser Sozialschicht mit der kurzfristigen ökonomischen Krise zusammentraf. Strukturell war die Krise, weil der Mittelstand im Spannungsfeld von traditionalistisch-vordemokratischem Prestigeanspruch und modernistisch-republikanischem Gesellschaftsstatus lebte. Die hieraus hervorgehende Krisenerfahrung verschärfte sich akut im Schatten der Weltwirtschaftskrise und schlug in Panik um.«[19]

Bleibt die Frage, wie gefestigt der heutige Mittelstand in die derzeitige Krise hineingegangen ist. Immerhin hat uns der »Economist« schon vor über zwei Jahren spöttisch einen »Vorsprung durch Panik«[20] attestiert, für welchen Vergleich sicher auch die mittelständische deutsche Volksseele Pate stand. Auf jeden Fall drängen sich Parallelen zwischen *Bonn und Weimar* auf, Vorsicht ist angesagt.

Auch in der Weimarer Zeit gefährdete sich das bestehende System in seinen Grundfesten, als Besitzstände des Mittelstands angetastet wurden. Daß sich dasselbe derzeit wiederholt, drängt sich dem Beobachter unweigerlich auf. Der bundesdeutsche Mittelstand wird durch unterschiedlichste Entwicklungen – aufgeblähte Kosten des bürokratischen Apparates, kompliziertes und ungünstiges Steuerrecht, hohe Sozialabgaben und schwierige Kreditbeschaffung für Handwerks- und Kleingewerbebetriebe – spürbar in Mit-

---

[19] Rembert Unterstell: Mittelstand in der Weimarer Republik. Die soziale Entwicklung und politische Orientierung von Handwerk, Kleinhandel und Hausbesitz 1919–1933, Frankfurt/M. u. a. 1989, S. 134 f.; vgl. auch Eberhard Kolb: Die Weimarer Republik, München 1988, S. 169 f.

[20] Zitiert nach »SPIEGEL«-Titelgeschichte »Countdown für Deutschland«, 51/1995.

leidenschaft gezogen, in seinen Aussichten nach oben begrenzt und vom Absinken nach unten bedroht.

Zudem sollte nicht vergessen werden, daß der deutsche Mittelstand einer ganz anderen historischen und kulturellen Entwicklung entstammt als der amerikanische, weswegen die Zerstörung des US-amerikanischen Mittelstands während der späteren Reagan-Ära und die dennoch unterbliebene Staatskrise kein Freibrief dafür sind, daß die Bundesrepublik eine ähnliche Entwicklung ungestraft übersteht.

Tempo, Wandel und erschwerte Zukunftsplanung

Blaise Pascal hat einmal gesagt, daß alles Unglück der Menschheit daher rührt, daß die Menschen ihre eigenen vier Wände verlassen. Als er das sagte, brauchte man noch Monate, um den Ozean zu überqueren, und Tage, um per Kutsche an einen hundert Kilometer entfernten Ort zu reisen. Wir haben in den gut dreihundert Jahren, die zwischen Pascal und uns liegen, nicht nur immer stärker den Drang in die Ferne – bis zum Mond und darüber hinaus – verspürt, sondern sind dabei auch immer schneller geworden.

Das Tempo, das wir vorlegten, hat uns in Form von Wandel immer wieder eingeholt. Je mehr Tempo, um so mehr Wandel. Neben anderem wird dieses Jahrhundert bestimmt in die Geschichte eingehen als Zeitalter der Geschwindigkeit – mit immer neuen Bestmarken, insbesondere in der zweiten Hälfte.

Das Tempo der Veränderung macht vor nichts halt, auch nicht vor den Modellen zur Vorhersage und Planung von Zukunft. Nun liegt es in der Natur der Sache, daß Prognosen mit Unschärfen zu kämpfen haben, und für den Analysten und Statistiker gehören seit jeher lateinische Einschränkungen wie *mutatis mutandis* (mit den nötigen Abänderungen) oder *ceteris paribus* (unter sonst gleichen Umständen) zum Handwerkszeug.

Aber trotzdem: Nie fiel es den professionellen Prognostikern so schwer, verläßliche Prognosen über künftige Entwicklungen aufzustellen. Hier erleben wir immer mehr statistische Münchhausiaden – weil sich von heute auf übermorgen (immer häufiger auch bereits auf morgen) Eckdaten und Rahmenbedingungen ändern.

Ob Prognosen zu Märkten, Wirtschaft, Arbeitslosenzahlen oder politischen, sozialen und kulturellen Entwicklungen: In allem bewahrheitet sich zunehmend die sokratische Weisheit, daß wir nur sicher wissen, daß wir nichts wissen. Nichts mehr hat Bestand, nichts mehr ist vorhersehbar, allein der Wandel und die Veränderung sind noch verläßlich und als Annahme für Künftiges sicher.

Das Ganze hat sich heute bereits so eingespielt, daß Prognosen von vielen Zeitgenossen mit einer ausgeprägten Falschheitsvermutung aufgenommen werden. Dadurch bewirken auch optimistische Zukunftsdeutungen das genaue Gegenteil, weil jeder für sich Abstriche an dem präsentierten Zahlenmaterial vornimmt: Lieber noch zehn Milliarden drauf bei der prognostizierten Neuverschuldung des Staates, sicherheitshalber im Kopf ein halbes Prozent mehr kalkulieren bei den künftigen Abzügen für die Rente usw.

Von dem amerikanischen Politologen Richard Wiggins stammt der Ausspruch: »Pessimist oder Optimist ist einer, je nachdem ob er in seinen Erwartungen regelmäßig Besorgnisse oder Verheißungen erblickt.« Die zunehmende Kapitulation der Prognose vor dem Wandel ist das geistige Saatbeet, auf dem Pessimisten ausgezeichnet gedeihen. Weil nichts mehr sicher vorhergewußt wird, erblickt man in seinen Erwartungen lieber regelmäßig Besorgnisse statt Verheißungen. Das ist der mentale Sicherheitsgurt, der den Aufprall in der Zukunft mildern soll.

Wo Prognosen tendenziell immer häufiger versagen, fällt dem einzelnen wie auch dem Staat insgesamt die Zukunftsplanung immer schwerer. Die Einschätzungen des »Rats der fünf Weisen« und anderer Institute für Wirtschaftsforschung werden oft schon wenige Wochen später durch neue Eckdaten *gekillt*. Die Prognosen des Finanzministeriums zum erwarteten Steueraufkommen haben für viele Bundesbürger nur noch die Glaubwürdigkeit, die für den Begründer des kritischen Rationalismus, Karl Popper, das Lesen im Kaffeesatz hatte.

Wie dem Staat machen diese *Unwägbarkeiten* auch dem einzelnen Bürger das Leben schwer. Beispiel Rente: Hier ging es über das ganze Jahr 1997 munter nach dem Motto: Heute ist die Rente sicher, morgen kommt die Einheitsrente, übermorgen ist die Rente (wieder) sicher, aber ...

Nicht anders ergeht es den Unternehmen. Auch sie erfaßt die allgemeine Verunsicherung. Da wird wenig investiert, viel gespart (oft an der falschen Stelle) und wenig riskiert. Man ist in diesem geistigen Klima lieber auf der sicheren (pessimistischen) Seite und sucht die schnelle, ultimative Lösung. Je rascher das Wirkversprechen, um so gläubiger der Anwender. Hier werden Fit-, Schlank- und Gesund-mach-Rezepte wie das zeitgemäße neue Kapitel aus dem Buch der Offenbarung konsumiert. Dabei ergeht es vielen Unternehmenschefs wie nach einer durchzechten Nacht: Geld weg und Katerstimmung.

Was bleibt, ist die Angst, und damit wären wir dann wieder bei der Eingangsbetrachtung zu diesem Kapitel.

Der fünfte Kondratieff –
die langen Wellen der Konjunktur

Der derzeitige Wandel hängt ganz wesentlich mit unserem seit einiger Zeit beschrittenen Weg in die Informationsgesellschaft zusammen. Nikolai D. Kondratieff hatte erstmals auf das Vorhandensein langfristiger Konjunkturzyklen hingewiesen. »Mit seiner Publikation ›Die langen Wellen der Konjunktur‹, 1926 … hat Kondratieff den Anstoß zu einer neuen Deutung des Kapitalismus geliefert. Seine Entdeckung, daß die langen Konjunkturzyklen eine Dauer von 40–60 Jahren aufweisen, hat sich als zutreffend erwiesen … Neuere Forschungen … ergänzten sein Beweismaterial, kamen dabei allerdings zu dem Ergebnis, daß die Periode der langen Wellen in neuerer Zeit sich etwas verkürzt hat.«[21]

Das Verdienst von Leo A. Nefiodow ist es, die Informationstechnologie als fünften langfristigen Konjunkturzyklus – nach den vier Basisinnovationen Dampfmaschine, Eisenbahn, Chemie beziehungsweise Elektrizität und Petrochemie sowie den damit einhergehenden Konjunkturzyklen seit Ende des achtzehnten Jahrhunderts – identifiziert und damit verbundene Auswirkungen und Anforderungen aufgezeigt zu haben. Er gab diesem neuen Konjunkturzyklus den Namen *fünfter Kondratieff*.

Nun sollte man meinen, daß das Wissen um einen neuen langfristigen Konjunkturzyklus auch langfristiges Denken und Planen zwecks bestmöglicher Nutzbarmachung begünstigt. Man hat Zeit zur Aussaat, Zeit, die Pflanze *Informationsgesellschaft* zu hegen und zu pflegen, und man hat Zeit, die Ernte einzufahren. Denken wir an die diesen Konjunkturzyklen prognostizierte jahrzehntelange Dauer!

Die Aussaat, um im Bild des Gärtners zu bleiben, meint ganz besonders die Schaffung eines zeitgemäßen Bildungssystems in seiner Gesamtheit (Schulen, Hochschulen, berufliche Bildung, betriebliche, öffentliche und private Formen der Weiterbildung), das unserer Gesellschaft das Know-how liefert, das sie braucht, um künftig in den High-Tech-Märkten bestehen und an dem fünften Langzeit-Konjunkturzyklus partizipieren zu können.

Josef Brauner und Roland Bickmann nennen in ihrer Be-

---

[21] Leo A. Nefiodow: Der fünfte Kondratieff. Strategien zum Strukturwandel in Wirtschaft und Gesellschaft, Frankfurt 1991.

standsaufnahme zur »Cyber Society« die Anforderungen an das Bildungssystem der Zukunft: »Es muß sich bezüglich der Geschwindigkeit seiner Entwicklung mit der Dynamik seiner Umwelt messen können. Hierzu muß es inhärent viel flexibler werden, als dies in den letzten fünfzig Jahren der Fall war, denn die technische Entwicklung gewinnt ständig an Fahrt. Das Bildungssystem eines wettbewerbsfähigen High-Tech-Landes muß in Zukunft mit einer nur geringen zeitlichen Verzögerung mitwachsen können.«[22]

Und sie geben als Mahnung und Warnung gleich mit auf den Weg: »Das Rennen, das bereits begonnen hat, ist international, denn eine globale Kommunikationsgesellschaft ist auch eine globale Arbeitsgesellschaft. Der Faktor Arbeit wird in wichtigen Bereichen einer Dienstleistungsgesellschaft vollkommen mobil sein. Wenn es uns nicht gelingt, dafür zu sorgen, daß unser Humankapital international wettbewerbsfähig bleibt, werden wir auf einem zusehends zusammenwachsenden globalen Arbeitsmarkt viele Chancen verspielen.«

Der Bildungssektor muß sich rasch entwickeln, um mit seinem Umfeld Schritt halten zu können (hierzu gehört sicher auch die Verkürzung der Ausbildungszeit). Gleichzeitig muß er auch Altes, das sich bewährt hat, mit Neuem nutzbringend verquicken. Ein Beispiel hierfür ist die Anpassung der in der Vergangenheit weltweit beispiellosen Ausbildung in Industrie und Handwerk an die Erfordernisse der modernen Informationsgesellschaft. Vor diesem Hintergrund ist der Bildungsbereich ein wichtiger Testfall für langfristige und zukunftsweisende Planung.

Die Wirklichkeit sieht derzeit aber leider anders aus. Es wird viel diskutiert, passiert ist bislang wenig. Auch hier greift der Reformstau. Die Diskussion um die Wochenstundenzahl der Lehrer, aus der Finanzkrise des Arbeitgebers

---

[22] Cyber Society. Das Realszenario der Informationsgesellschaft: Die Kommunikationsgesellschaft, Düsseldorf/München 1996.

Staat geboren, bestimmt statt dessen die Berichterstattung. Dabei läuft den Verantwortlichen wichtige Zeit weg, die sie später vielleicht durch waghalsige Schnellschüsse kompensieren müssen.

Während sich die Bildungspolitik bislang nicht zu einer umfassenden Reform durchringen kann, zeigt die Wirtschaft seit Jahren eine unverständliche Vernachlässigung der für eine High-Tech-Gesellschaft wichtigsten Ressource *Know-how.* Das dokumentiert sich eklatant im Bereich *Forschung und Entwicklung* (F&E).

Seit Jahren sinken die Forschungsausgaben der Wirtschaft – gemessen am Bruttosozialprodukt – permanent. Derzeit liegen sie bei 1,6 Prozent. Seit Beginn der neunziger Jahre wurden in diesem Bereich in Deutschland vierzigtausend Stellen abgebaut. »In der Tat nimmt die Bedeutung des Forschungsstandortes Deutschland angesichts solcher Kennziffern ab. Die Abwanderung nach USA oder Japan ist augenfällig. Es sind die ersten Adressen, die den Standort verlassen: die Bayer AG, Hoechst oder die BASF AG.«[23]

Doch kommen wir zurück zu unserer These (oder eher unserem Wunsch?), daß der fünfte Kondratieff eigentlich langfristige Planung begünstigen sollte. Daß wir dafür bislang kaum Anzeichen ausmachen können, hängt auch und gerade damit zusammen, daß wir vor lauter Tagesproblemen nicht in der Lage sind, die optimistische Botschaft, das künftige Potential zu sehen und zu begreifen, das auf Jahrzehnte auch für unsere Gesellschaft und Wirtschaft bereitsteht – wenn wir es verstehen, es uns anzueignen.

Wir haben derzeit mit gewaltigen Strukturproblemen im Übergang zur Informationsgesellschaft der Zukunft zu kämpfen. Wir wollen und können nicht die Probleme beschönigen, die sich hierdurch für staatliches und wirt-

---

[23] Ebd.

schaftliches Handeln, aber auch für den einzelnen Bürger ergeben, den Angst und Unsicherheit plagen. Dennoch sollten wir nicht vergessen, daß man auch bereits 1973 (im Zeichen der Ölkrise) Zukunftspessimismus und Perspektivlosigkeit verspürte. Und in den Jahren danach, in den ersten Anpassungsjahren an den fünften Kondratieff, hatten sowohl Europa und die USA Umstellungsschwierigkeiten. Wer erinnert sich nicht noch an die damals gängigen Schlagwörter der feilgebotenen Untergangsszenarien: Null-Wachstums-Gesellschaft, Eurosklerosis oder Stagflation.[24]

Langfristigkeit und Stetigkeit gewinnt unser Handeln nur, wenn wir die Zeitachse (die genannten vierzig bis sechzig Jahre) des fünften Konjunkturzyklus als Gesamtperspektive in unser Denken und Planen einfließen lassen. Seien wir optimistisch! Schauen wir über den Tellerrand von Tagen, Wochen und Monaten ruhig mal in die nächsten Jahre, und glauben wir, daß uns die Informationstechnik – wie die vier vorherigen Zyklen – eine Zukunft mit langfristigem Wachstum verspricht, an dem wir alle partizipieren werden!

Sie werden einwenden, daß diese Sicht der Dinge an den augenblicklichen Problemen wenig ändert und den von den Anpassungsprozessen Betroffenen kaum etwas bringt. Dem können wir nur bedingt zustimmen. Tatsache ist: Je früher wir umdenken, je früher wir perspektivisch planen und agieren, statt nur situativ – von einem Moment zum nächsten – zu reagieren, um so schneller nützt dies allen. Wir müssen nur an diese Zukunft für die kommenden Generationen wirklich glauben und sie wollen.

Es wird Zeit, daß wir von der Rolle des Mitläufers ins Fach des Mitgestalters wechseln. Dabei ist Ruhe und Besonnenheit die erste Bürgerpflicht. Man muß nicht auf jeden Trend aufspringen. Nicht jede neue Technologie (auch

---

[24] Weitere Informationen hierzu bei Nefiodow, Der fünfte Kondratieff, S. 35 ff.

nicht das Internet!) wirft alle bisherigen Konzepte und Praktiken über den Haufen. Wer hier hektisch immer und jederzeit glaubt, den Bus zu verpassen, fällt in ein Faß ohne Boden.

Natürlich bringt das Tempo der Informationstechnik mit ihren immer kürzeren Innovationszyklen die Gefahr mit sich, daß das Handeln von diesem Tempo versklavt wird. Hier steht der Devise des ehemaligen General-Motors-Chefs Lee Iacocca, daß Fehler auf dem Weg korrigiert werden, die Mahnung des Philosophen Hans Jonas gegenüber, der angesichts der Dimensionen heutiger Technik, die die Zukunft unwiederbringlich verändern, eine neue Ethik der Verantwortung einfordern.[25]

Traditionsverlust –
Keine Zukunft ohne Vergangenheit

Stichwort Verantwortung: Dazu gehört auch die Verantwortung für den Konsens zwischen den Generationen. Durch die Zweiteilung der Gesellschaft in Techniknutzer und Technikverweigerer, die stark entlang der Altersgrenze zwischen *Jung* und *Alt* verläuft, könnte dieser Konsens gefährdet werden. Zusammen mit der immer wieder thematisierten Rentendebatte steckt hier sehr viel sozialer Konfliktstoff drin. Durch besagte Zweiteilung und den dadurch drohenden Bruch zwischen Jung und Alt könnte die Informationstechnik den generellen Trend der Abkehr von Traditionen beschleunigen.

Die Informationstechnik war seit ihren Anfängen stärker als andere Technologien eine Technik der Jungen. Programmierern haftete das Turnschuhimage an. Klar, daß

---

[25] Hans Jonas: Das Prinzip Verantwortung, Frankfurt 1987.

man sie sich kaum über Dreißig vorstellen konnte. Und alt geworden, werden sie beständig durch die Jungen und den diesen zugeschriebenen neuen Techniken herausgefordert. So geschehen etwa den COBOL-Programmierern durch die Konkurrenz seitens der Schar junger C++-Entwickler. Auch die neuen Multimedia-Techniken scheinen sich imagemäßig eher mit Zwanzig- als mit Fünfzigjährigen zu vertragen.

Am Computer und den ihn umgebenden Techniken scheiden sich in der Tat die Geister. Während die Jungen (Computer Kids oder Cyber Kids) mit dieser Technik groß werden wie frühere Generationen mit Fahrraddynamo, Nierentischen und Laubsägearbeiten, hangeln sich viele Ältere krampfhaft an den neuen elektronischen Rechenhelfern vorbei bis zur Pensionierung.

Das verstärkt den Jugendkult, und so findet der in der Jugend seit den Nachkriegsjahrzehnten vorherrschende Eindruck, die Alten hätten nach den Erfahrungen von zwei Weltkriegen versagt, nunmehr eine nachträgliche technologische Rechtfertigung.

Wie Informationstechnik und Computerei mit Zukunft gleichgesetzt werden, so stellt die Jugend – so die These – gerade im Umgang mit dieser Technologie unter Beweis, daß ihr die Zukunft nicht nur biologisch gehört, weil sie diese Technik ohne Berührungsängste nutzt und meistert.

Die Distanz zu den Alten dokumentiert die Jugend nicht zuletzt in ihren Vorbildern. Waren es in den sechziger und siebziger Jahren Figuren aus anderen Kulturkreisen wie Che Guevara, Mao Tse-tung oder Ho Tschi Minh, so sind es heute Stars und Sternchen der Musik- und Kinoszene – möglichst jung, möglichst trendy und möglichst zeitgemäß.

Daran ist an sich nichts Anrüchiges, jede Generation hat schließlich ihren eigenen Stil. Mit der fehlenden Achtung der Jugend vor den Alten wandern aber auch deren Traditionen auf die Schutthalde der Geschichte – und das ist sehr bedenklich.

Das »Abreißen der Tradition« hat Konrad Lorenz als eine der acht Todsünden der zivilisierten Menschheit gebrandmarkt. Diesen Traditionsverlust führt er ganz wesentlich auf das Entwicklungstempo zurück, das der heutigen Kultur von ihrer Technologie aufgezwungen wird. Das führe dazu, daß die jüngere Generation beginne, die ältere als eine »fremde Pseudospezies« zu behandeln.

»Die gewaltige Unterschätzung des nicht-rationalen, kulturellen Wissensschatzes und die gleiche Überschätzung dessen, was der Mensch als Homo faber mittels seiner Ratio auf die Beine zu stellen vermag, sind aber keineswegs die einzigen Faktoren, die unsere Kultur mit Vernichtung bedrohen, ja nicht einmal die ausschlaggebenden. Eine überhebliche Aufklärung hätte keinen Grund, der überkommenen Tradition ausgesprochen feindselig entgegenzutreten. Sie würde sie allenfalls so behandeln, wie etwa ein Biologe eine alte Bäuerin, die ihm eindringlich versichert, daß Flöhe dadurch entstünden, daß Sägespäne mit Urin befeuchtet würden. Die Einstellung eines großen Teiles der heutigen jüngeren Generation gegen die ihrer Eltern hat zwar ein gerütteltes Maß von überheblicher Verachtung, aber nichts von Milde.«[26]

Vergessen wir nicht, daß Lorenz dies vor knapp fünfundzwanzig Jahren schrieb, als die Informationstechnik noch in ihren ersten Kinderschuhen steckte. Durch sie hat sich das von Lorenz für den Traditionsverlust verantwortlich gemachte technologische Entwicklungstempo ja noch mal dramatisch beschleunigt.

Die Gefahren des Traditionsverlusts beschwört auch Daniel Goeudevert, der feststellt: »Und je mehr Traditionen starben oder versiegten, je mehr Geschichte dem Vergessen anheimfiel, um so stärker wurde Jugendlichkeit zum Selbstzweck, ja zum Verdienst! Jugend wurde, um es mit Puschkin

---

[26] Konrad Lorenz: Die acht Todsünden der zivilisierten Menschheit, München 1973.

auszudrücken, nicht nur ›Sauerteig‹, sie wurde das ›ganze Brot‹.«[27] Darin liegt eine Gefahr, die im Zeitalter des fünften Kondratieff und in Anbetracht der oben gemachten Ausführungen nicht geringer wiegt.

Zitieren wir noch einmal Goeudevert: »Tradition hat immer etwas mit den Erfahrungen vergangener Generationen und der lebender, älterer Menschen der Gegenwart zu tun. Junge Menschen, die auf Erfahrungen der Älteren verzichten, stehen in Gefahr, deren Fehler zu wiederholen. Zu hoch schätzt jede Jugend das Neueste ihrer Zeit ein. Vielleicht, weil sie sich mit ihm im gleichen Alter fühlt. Wenn aber das Neueste einer Zeit niveaulos, platt, menschenfeindlich oder unsittlich ist, bringt es für die Jugend besondere Gefahren. Achtung vor dem Alter hilft deshalb jungen Menschen, sich sowohl schlechte Erfahrungen zu ersparen als auch bleibende Werte zu erkennen.«

Während wir noch über gestern jammern ...

... bereiten andere sich schon auf morgen und übermorgen vor. Weitere neue Technologien werden das wirtschaftliche und kulturelle Gesicht unserer Gesellschaft im einundzwanzigsten Jahrhundert verändern, wovon nur die Entwicklungen bei Nanotechnologie und Mikroelektronik direkt die Informationstechnik berühren.

Heute noch Fremdwörter für uns sind Zukunftstechniken von morgen wie Adaptronik (anpassungsfähige Werkstoffe), Bakteriorhodopsin (aus Bakterien isolierte und in dünne Kunststoffolien eingeschlossene Moleküle), biomimetische Werkstoffe (neuartige synthetische Materialien aus einfachen Ausgangsstoffen) oder Fullerene (Kohlen-

---

[27] Daniel Goeudevert: Die Zukunft ruft, Herford 1990.

stoffverbindungen), die womöglich schon in zehn Jahren zum Wissensrepertoire des Sekundaners zählen.

Hinzu kommen die laut Delphi-Umfrage unter deutschen Experten sowie laut Untersuchungen des Instituts für System- und Innovationsforschung der Fraunhofer-Gesellschaft (ISI) erwarteten Entwicklungen in den Bereichen Photonik, Systemtechnik, Software und Simulation, Molekularelektronik, Zellbiotechnologie sowie Produktions- und Managementtechnik.[28]

Neue Technologien, Globalisierung der Wirtschaft, Massenarbeitslosigkeit, Finanzkrise, Staatsverschuldung sind einige der Eckdaten, aus denen sich die künftigen Anforderungen an Wandel, Veränderung und Anpassung ableiten.

An unserer Anpassungsleistung wird die Überlebensfähigkeit des Standorts Deutschland festgemacht. Dem *kranken Mann an Rhein, Ruhr und Elbe* geht es trotz hoher Produktivität nicht gut. Die wirtschaftlichen Aufschwungphasen in der BRD seit 1983 wurden nicht substantiell genug zur Vorbereitung Deutschlands auf die Informations- und Dienstleistungsgesellschaft genutzt. Dafür ist um so ausschweifender darüber geredet und lamentiert worden. Zumindest in dieser Hinsicht lassen wir Deutschen uns so schnell von keinem was vormachen.

Überdies sieht das Institut der deutschen Wirtschaft (IW) die deutsche Industrie im internationalen Kostenwettbewerb eindeutig im Hintertreffen. So wurden den westdeutschen Unternehmen 1995 mit 45,52 DM je Industriearbeiter-Stunde die weltweit höchsten Arbeitskosten attestiert. Die Steuerlast der Unternehmen war mit fast fünfundsechzig Prozent des einbehaltenen Gewinns so hoch wie in keiner anderen Industrienation.

---

[28] Einen vollständigen Überblick bietet Ludwig Kürten: Technologien des 21. Jahrhunderts, hrsg. vom Bundesministerium für Forschung und Technologie, Bonn 1993.

66

Des weiteren nimmt die in Deutschland erbrachte Arbeitsmenge ab. Während von 1993 bis 1996 in den USA die Zahl der Erwerbstätigen um 5,4 Prozent, in Holland um 3,3 Prozent stieg, sank sie in Deutschland um 2,1 Prozent – von 35,2 auf 34,4 Millionen.

Vielerlei Ursachen werden dafür ausgemacht: die hohen Lohnnebenkosten, das Rationalisierungsprogramm, das sich die Wirtschaft seit geraumer Zeit als Fitmacher für den künftig härteren Wettbewerb im Zeichen der Globalisierung der Märkte verordnet hat, auch die Verlagerung von Arbeitsplätzen in Länder mit günstigeren Lohnkosten.

Die Quintessenz all dessen lautet: Wir müssen uns anpassen, wir müssen Perspektiven für eine Zukunft entwickelt, die sich von der uns bisher bekannten und genehmen radikal unterscheidet. Doch statt nach vorne zu blicken, statt Reformen ernsthaft in Angriff zu nehmen, statt Visionen zu entwickeln, wird weiter taktiert und blockiert.

Folgendermaßen zeichnete der »DER SPIEGEL« im April 1997 sein Frustbild über die Unbeweglichkeit der Entscheider: »Zäh ringen die Großen und die Kleinen aus Politik und Wirtschaft um jedes Reförmchen – bis kaum noch etwas übrigbleibt. Sie zerreden die Steuersenkungen, den wichtigsten Impuls für jeden Wirtschaftsaufschwung. Sie sperren sich gegen eine Änderung bei der Lohnfortzahlung … Statt in Zukunftstechnologien zu investieren, kürzt die Bundesregierung Ausgaben für Forschung und Bildung, die Milliarden fließen immer noch und immer wieder in Werften, Kohlebergbau oder Landwirtschaft, die Jobmaschinen von gestern.«[29]

Doch nicht nur unsere derzeitige Gesellschaft läßt wirklichen Anpassungs- und Reformwillen vermissen. Bereits

---

[29] »SPIEGEL«-Titelgeschichte »Arbeit, Arbeit, Arbeit«, »DER SPIEGEL«, 17/1997.

1981 stellte Michael Jungblut zur Kennzeichnung der damaligen Situation fest: »Ausgerechnet die Generation, der es besser geht als jeder anderen vor ihr, sorgt nicht mehr ausreichend für die Zukunft und lebt auch noch auf Kosten ihrer Nachkommen. Je mehr er hat, je mehr er will ...«[30] Nicht der Patient, sondern nur sein Gesundheitszustand hat sich in den zurückliegenden Jahren verändert.

Mit dieser unserer Mentalität und unserem bequemen Status-quo-Denken haben wir einen Wohlstand auf Pump finanziert. Viel zu lange. Doch das wurde erst so richtig erkennbar, nachdem der Aufschwung der achtziger und der Einheitsboom Anfang der neunziger Jahre verpufft waren.

Gleichzeitig sind wir alle in langen Wohlstandsjahren immer egoistischer und materialistischer geworden. Die Anfänge reichen weit zurück. Immerhin erschien schon 1976 der Bestseller von Josef Kirschner »Die Kunst, ein Egoist zu sein«. Unsere heutige Unbeweglichkeit, die uns im Ausland zunehmend das Etikett von im Weltmaßstab erledigten Dinosauriern einbringt, hängt eben ganz wesentlich damit zusammen, daß wir zu sehr unsere eigenen Bedürfnisse und zuwenig die der anderen sehen und respektieren. Das schafft gefährliche Handlungsunfähigkeit bei den dringend zur Lösung anstehenden Problemen.

Die liebe Gewohnheit und die unliebsame Erwartungshaltung

Zudem haben wir uns an vieles gewöhnt, auf das wir nicht mehr verzichten möchten: die immer kürzeren Arbeitszeiten, die vielen Urlaubstage, den Vorruhestand und die üp-

---

[30] Michael Jungblut: Je mehr er hat, je mehr er will. Über soziale und wirtschaftliche Machbarkeiten, Zürich 1981.

pige Rente, die Lohnfortzahlung im Krankheitsfall, den Quasi-Anspruch auf regelmäßige Kuren, die maximal achtundsechzig Prozent des letzten Nettolohns bei Arbeitslosigkeit, aber auch die Subventionen, die Steuergeschenke und Abschreibungsmodelle.

Dabei haben wir uns auch an die unangenehmen Zustände gewöhnt: insbesondere an die derzeit weit über vier Millionen Arbeitslosen, die verdeckte Arbeitslosigkeit von rund 1,4 Millionen nicht eingerechnet, die den Staat jährlich direkt zwischen dreißig und vierzig Milliarden Mark kosten – jeder einzelne zweiundvierzigtausend Mark, wobei die individuellen Tragödien gar nicht zu ermessen sind.

Wir sind am Scheideweg angelangt. Die Probleme, mit denen wir konfrontiert sind, haben strukturellen Charakter, sind Probleme, die der hochentwickelten Industriegesellschaft in ihren heutigen internationalen Bezügen erwachsen sind. Durch die Produktivitätsfortschritte werden Bruttosozialproduktzuwächse tendenziell mit immer weniger Arbeitskräften erzielt. Das stellt uns vor die Aufgabe, Arbeit neu zu verteilen und zu bewerten und die gesellschaftlichen Produktionsergebnisse sozialverträglich zu verteilen.

»Wenn nur nach betriebswirtschaftlichen Kriterien entschieden wird, entlastet sich jeder auf Kosten der anderen. Die Unternehmen schrumpfen sich gesund für den Export, auf Kosten der Arbeitslosenversicherung beziehungsweise des Staates. Der Staat kommt in finanzielle Schwierigkeiten und entlastet sich auf Kosten seiner schwächsten Bürger. Das ist eine permanente Abwärtsspirale«, kommentiert der Jesuitenpater und Sozialethiker Friedhelm Hengsbach, Leiter des Frankfurter Oswald-von-Nell-Breuning-Instituts für Wirtschafts- und Gesellschaftsethik.[31]

---

[31] »Wettlauf der Besessenen«, »SPIEGEL-Gespräch« mit Friedhelm Hengsbach,»DER SPIEGEL«, 10/1997.

Der soziale Friede steht auf dem Spiel!

Wer will schon die Aufrüstung der Gesellschaft und den Polizeistaat in ihrem Gefolge, die Verbarrikadierung der Reichen gegen die Armen, wie sie beispielsweise in vielen Städten Südafrikas – per meterhohe Betonmauern, Stacheldraht und Strom – bedrückende Wirklichkeit ist? Wer will die Hochkonjunktur privater Sicherheits- und Wachdienste und den Verlust der wichtigen Lebensqualität, die nur der spannungsfreie soziale Ausgleich allen in diesem Land garantieren kann?

Wer will, daß die Reichen ihrem Kapital und ihren Investitionen folgen müssen, um sich dem Zugriff der Bedürftigen zu entziehen? Und wer will umgekehrt ein Wachstum von Suppenküchen und von Wellblech- oder Pappkartonghettos als letzte ärmliche Refugien der Ärmsten der Armen?

Und wer will schon das heute noch skurril anmutende Schicksal der Lehrerin Karin de Arruda Sampaio aus São Paulo auf deutschen Straßen teilen. Nachdem sie fünfmal in ihrem Auto beraubt, zuletzt von einem Mann mit einem Seziermesser bedroht worden war, ließ sie in ihrem Wagen ein in São Paulo gegen die überbordende Straßenkriminalität weitverbreitetes Sicherheitssystem installieren.

»Mit einem Magneten am Schlüsselanhänger entsichert sie beim parkenden Fahrzeug zunächst die Alarmanlage der Windschutzscheibe und der Autofenster. Binnen sieben Sekunden muß der Wagen dann gestartet werden, sonst würde eine andere Sirene losheulen. Spätestens nach zwei Fahrkilometern wird die Benzinzufuhr automatisch gestoppt, wenn Karin de Arruda Sampaio nicht vorher auf einen raffiniert versteckten Schalter drückt. Per Knopfdruck kann sie auch die Autotüren sofort zentral verriegeln und, falls ein Straßenräuber ins Wageninnere greifen will, die Fenster wie eine Guillotine von unten hochschnellen las-

70

sen. Sollte sie dennoch von Autodieben aus dem Fahrzeug gezerrt werden, kann sie es per Fernbedienung immer noch zum Stillstand bringen.«[32] In Situationen wie diesen, die bei uns hoffentlich nie Wirklichkeit werden, hilft nichts mehr, auch kein Rezept, noch nicht mal eines von der todsicheren Sorte.

---

[32] Zitiert nach Daniel Goeudevert: Die Zukunft ruft.

KAPITEL 3

Warum Erfahrung sammeln,
wenn doch ein Rezept da ist?

Ein Rezept ist laut Wörterbuch entweder die *Vorschrift* zum Zubereiten einer Speise oder die *Anweisung* des Arztes zur Abgabe eines Medikamentes. Eine solche *Vorschrift* oder *Anweisung* zur Handlungsmaxime im wirtschaftlichen oder politischen Tagesgeschäft auszuweiten soll suggerieren, striktes Festhalten an einer Erfolgsmixtur sei der beste Weg zur immerwährenden Wiederholung des Erfolges.

Wir halten dagegen als Kernsatz fest: *Ein Manager, der sich eines Rezeptes bedient, entmündigt sich selbst!*

Warum? Und vor allem: Woher nehmen wir die Vermessenheit zu einer solchen Aussage, wo doch heute ohne Rezepte nichts mehr geht?

Weil noch zu wenige Menschen den Mut haben, die in der Überschrift formulierte Frage vom Kopf auf die Füße zu stellen: Es geht heute nichts mehr – obwohl mehr Rezepte kursieren als jemals zuvor in der Wirtschaftsgeschichte. Deshalb kann die *Bastion Rezept* oder die *100-Prozent-Lösung* auch nicht hart genug beschossen werden – bis die Festung geschleift ist und dahinter wieder die Freiheit zu eigenem Denken und individueller Erfahrung sichtbar wird.

Ein Manager (wir erweitern dies noch auf *eine Führungspersönlichkeit,* egal ob in Politik oder Wirtschaft), haben wir gesagt, der sich eines Rezeptes bedient, entmündigt sich. Er ist fortan, die Wahrheit liegt ja auf der Hand, ausführendes Organ einer in sich geschlossenen Handlungs*anweisung.* Zu den Gründen, warum immer mehr Menschen solche Anweisungen kritiklos schlucken und umsetzen, werden wir im Verlauf des Buches noch einige Thesen beisteuern.

Das Rezept ist der *Scheinriese*[1] unserer Tage. Der Scheinriese stellt die Naturgesetze auf den Kopf: Aus der Entfernung besehen, wirkt er groß, je näher man herankommt, desto kleiner wird er. Genau dies ist der Effekt, den wir bei allen sogenannten 100-Prozent-Lösungen beobachten können.

Interessanterweise steht den Rezepten zum Zeitpunkt ihrer Entstehung oder Proklamation fast nie ein Erfolg gegenüber, und sie entstehen auch nicht aus erfolgreicher Praxis.

Sie werden zumeist aus anderen Wissenschaftszweigen abgeleitet, aus soziologischen oder evolutionsgeschichtlichen Erkenntnissen extrapoliert, aus psychologischen Untersuchungsergebnissen extrahiert. Sie werden am Zeichenbrett der Trendforscher entworfen oder manchmal auch im Fieberwahn herausgeschwitzt. Nur eines ist stets gleich: Sie wirken immer wie die fruchtbare Oase auf den dürstenden Wüstenreisenden – und entpuppen sich wie dort auch zumeist als Luftspiegelung.

Und wenn nach längerer Behandlungszeit die – wenn auch nur mikroskopisch kleinen – Erfolge am Patienten gefeiert werden, ist eines immer sicher: Für die Konzeptionisten und Consulting-Unternehmen war noch jede Rezeptur ein Freischein zum Gelddrucken.

---

[1] Eine Figur aus »Jim Knopf und Lukas der Lokomotivführer« der Augsburger Puppenkiste. Wahre Fans werden den Scheinriesen kennen.

Nun könnte man einwenden, daß auch im Wirtschaftsleben für jede Form von Medizin und Behandlung der Grundsatz gilt: Wenn man nur fest genug daran glaubt ...

Leider haben wir im Wirtschaftsleben die Situation, daß der Konsument der verabreichten Dosis dem Verschreiber dieser Dosis schon lange keine *Heilungsintentionen* mehr unterstellt. Wenn etwa Manfred Schneider, Vorstandschef der Bayer AG, auf die Frage, wie man in Deutschland wieder Arbeitsplätze schaffen kann, sagt: »Zum Beispiel muß man die Frage ernsthaft stellen, ob wir nicht den sozialen Standard spürbar reduzieren sollten. Warum reichen nicht 25 Urlaubstage statt der bisherigen 30 Urlaubstage? Warum kann nicht jeder Krankenversicherte eine Selbstbeteiligung zahlen – wie bei der Autoversicherung?«[2], dann entspricht dies der Forderung nach einer zu verabreichenden Dosis. Es ist jedoch niemand da, der schreit: Laßt mich diese Dosis schlucken. Und der Grund dafür ist: Jede Erfahrung steht dagegen, solchen Aussagen Vertrauen schenken zu können. Man ahnt, daß der kleine Finger gereicht werden soll, damit die ganze Hand abgehackt werden kann.

Doch zurück zum Thema: Lassen Sie sich zukünftig nicht beirren, und unterscheiden Sie strikt zwischen einem *Rezept* und *dem gesunden Menschenverstand.* Wehren Sie sich gegen jede Form von Rezept, und vertrauen Sie wieder mehr Ihrer Eingebung, Ihrer Intuition. Aussagen wie: *Orientiere dich an den Besten*, *Sei nicht aufbrausend*, *Plane deine Arbeit* oder *Denk, bevor du sprichst* gehören alle zur Kategorie *gesunder Menschenverstand.* Dafür braucht es keinen Berater und kein Business-Book, da genügt es, nächstes Wochenende wieder mal die Oma zu besuchen.

In dem Buch »In Search of Excellence« von Tom Peters wurde die Idee vom *Management durch Herumgehen* popularisiert – und wurde von erwachsenen Menschen als et-

---

[2] »DER SPIEGEL«, 11/1997.

was phantastisch Neues und als substantiell bestaunt. Keiner kam auf den Gedanken, daß es sich hier um Ergebnisse des gesunden Menschenverstands handelt, keiner rief: *Der Kaiser ist nackt.*

Es ist erschreckend, daß die Führungshierarchien in der Wirtschaft so sehr die Bodenhaftung verloren haben, daß man mit einfachsten Gedanken heutzutage großen Wirbel verursachen kann. Dabei sind die Bürger begierig auf den *Bellheim,* die Führungspersönlichkeit in ihrer bodenständigsten Ausprägung. Die Erinnerung daran, daß es solche Charaktere gab und gibt, ist durch den vorherrschenden Dilettantismus nicht verschüttet worden.

Gute Manager, erfolgreiche Firmeninhaber haben immer gewußt, was in ihrem *Laden* läuft, haben nie den Kontakt zu den Mitarbeitern, Kunden und Lieferanten, zu den Abläufen verloren.

Für die moderne Version *Führungskraft* hingegen gibt es inzwischen auch schon Erfolgsplanungen, die in Zeiträumen unter einer Stunde wirken. Nicht ein Tag, nicht mehr sechzig Minuten – nein, schon in fünfzig Minuten voller Erfolg. *Führungsgrundlagen* und *exzellenter Kundenservice,* alles schon in fünfzig Minuten. Und wem auch das noch zu umständlich ist, der kann zu *50 Ein-Minuten-Tips für erfolgreiche Kommunikation* greifen.

Wenn es wieder einmal heißt: Drausse steht ein Rezept – wolle mer's ennoi losse, sagen Sie einfach mal: Nein, bleib mir vom Hals.

Die Entdeckung der Schnell(leb)igkeit

Big Business und *Fast Business* entstanden jenseits des Teiches. Sozusagen als *Start-up Nation* konnte man aus dem europäischen Ideenfundus das jeweils Beste extrahieren. Und das *jeweils Beste* war immer das, was dem Business am förderlichsten war. *Was gut ist fürs Geschäft, ist auch gut für Amerika,* lautete das Motto.

Schon vor der Jahrhundertwende hatte sich in den USA der sogenannte *Sozialdarwinismus* voll durchgesetzt – die damaligen Schlagworte *Struggle for Life* und *Survival of the Fittest,* natürlich auch *Hire and Fire,* werden auch heute noch mit Vergnügen zitiert. In einem Buch von 1909[3] konnte man lesen:»Sind das *meine* Armen? Ich sage dir, du närrischer Philanthrop, daß mich der Dollar, das Zehn- oder Ein-Centstück reut Leuten zu geben, die nicht zu mir gehören und zu denen ich nicht gehöre.«

Verteidigungsminister Edmund Wilson erläuterte bildhaft und mit Blick auf die Fürsorgeempfänger, ihm seien Jagdhunde lieber als Hofhunde, weil sie sich ihre Nahrung selbst beschaffen und nicht auf dem Hintern sitzen und jaulen. Ein Assistent des Präsidenten sagte öffentlich, es gehöre zu den Freuden einer freien Wirtschaft, unter Arbeitslosigkeit leiden zu dürfen. Die Gesundheitsministerin diffamierte eine Gesetzesvorlage zur kostenlosen Polioimpfung als *sozialisierte Medizin.*[4]

So rüde Ton und Inhalt dieser Verlautbarungen auch waren, gab es für das amerikanische Individuum doch immer große Hoffnung, den Sprung von unten nach oben – vom Tellerwäscher oder Zeitungsausträger in die Chefetage – zu schaffen. Der Europäern eigene Standesdünkel stand in den USA glücklicherweise niemals einer Entwicklung im Wege. Ein weiterer wichtiger Pluspunkt war und ist die Liebe aller Amerikaner zu ihrer Nation und damit einhergehend ein geeinter Markt. Edward McCreary hat diesen Unterschied gegenüber Europa in einer Untersuchung 1964 so beschrieben:»Auch wenn die Finanzhochburgen in Europa

---

[3] Ralph Waldo Emerson: Self-Reliance, zitiert nach Gert Raeithel: Geschichte der nordamerikanischen Kultur, Frankfurt 1995.

[4] So beschrieben in Gert Raeithel: Geschichte der nordamerikanischen Kultur.

nur wenige Minuten per Telefon, nur wenige Stunden per Flugzeug und einige Dutzend wechselseitiger Allianzen getrennt sind, liegen doch Hunderte von Jahren der Geschichte und Kriege zwischen ihnen.«[5] Und zuletzt natürlich noch die fast religiöse Liebe der Amerikaner zu ihren Produkten, zu ihren *Brands*. Ein Beispiel?

In einer Rede vor der »American Trademark Association« Anfang der fünfziger Jahre hob James Farley als Lobbyist der Coca-Cola hervor, daß die amerikanische Flagge selbst »die ruhmreichste aller Handelsmarken« sei und die »großartigste Flut von Produkten und Dienstleistungen in der Geschichte der Menschheit« repräsentiere.

Als Beispiel für den Beitrag Amerikas zum weltweiten Fortschritt nannte Farley die Philippinen, auf denen ihn zu Anfang die primitiven Zustände – die auf Stelzen errichteten Häuser aus Bambus und Gras, die schäbig gekleideten Einheimischen und die nackten Kinder – gestört hätten. »Doch wenn man in dieser armseligen Gegend um eine Ecke biegt«, sagte Farley und lächelte bei der Erinnerung, »erblickt man plötzlich ein wunderschönes Coca-Cola-Abfüllwerk.« Mitten in all dem Schmutz stand da eine stabil gebaute, glänzendweiße Fabrik mit den »neuesten und modernsten Flaschenabfüllern, Flaschenreinigern und Wasseraufbereitungsanlagen.« Ganz nebenbei fügte er noch hinzu, das Erfrischungsgetränk beeinflusse wirkungsvoll positive Einstellungen zu Amerika und werde letztlich alle Nationen in einer einzigen Bruderschaft des Friedens und Fortschritts umfangen.[6]

Könnte man sich ähnliches vorstellen beim Anblick einer Lagerhalle voll Gerolsteiner Heilwasser oder einer San-Pellegrino-Abfüllanlage? Aber man verkenne nicht, daß

---

[5] Edward A. McCreary, a.a.O.
[6] Nach Mark Pendergrast: Für Gott, Vaterland und Coca-Cola, Wien 1993.

gerade diese totale Identifikation und der Religionsersatz sehr stark zur Faszination des *American way of life* beigetragen haben.

Zurück zur Aussage von Edward McCreary. Es stimmt, daß uns Europäern und speziell auch uns Deutschen Geschichte Ballast sein kann. Amerikaner sind ideologiefreier, pragmatischer und – dadurch? – einfach schneller. Immer gerne kolportiert wird ein Satz wie »Was da drüben passiert, kommt bei uns sowieso mit zehn Jahren Zeitverzug«. Es ist wie im Wettlauf zwischen Hase und Igel, immer ruft uns Amerika zu: Ick bin allhier.

Schon 1913 hatte Henry Ford die Montagezeit für ein Auto an seinen Bändern von bis dahin zwölfeinhalb Stunden auf eineinhalb Stunden gesenkt. Der amerikanische Verbraucher war mit Auto und Fernsehgerät gesättigt, als wir uns in den Messerschmitt Kabinenroller zwängten und noch mit der ganzen Familie vorm Radio lauschten. 1956 gab es in Amerika erstmals mehr Angestellte als Arbeiter (das bedeutete übrigens auch immer weniger Streikanfälligkeit der Wirtschaft) – erst knapp zwanzig Jahre später kam bei uns die Befürchtung hoch, daß es bald keine Blaumann-Träger mehr geben könnte.

Aus amerikanischer Sicht waren wir hier in *good old Europe* gehörig zurück. So schrieb McCreary 1994: »Europäische Konsumenten lassen sich am besten mit US-amerikanischen Konsumenten vergangener Jahrzehnte vergleichen. Die heute in Europa verkauften Konsum- und Industriegüter sind modern. Europas Plastikerzeugnisse, Transistorradios, Fernseher, Waschmaschinen und Autos stammen aus den sechziger Jahren; die in Europa vorhandenen Lohnstrukturen (und Vertriebssysteme) ähneln jedoch denen von Amerika in den zwanziger und dreißiger Jahren.«[7]

---

[7] Edward A. McCreary: The Americanization of Europe.

Nicht nur in der Produktion, auch in Marketing, Werbung und PR waren die Amerikaner nach dem Zweiten Weltkrieg auf der Überholspur. Die Verkaufsstrategen bauten auf das »impulse buying« und förderten die Nachfrage nach »needless needs«. Damit der Verkauf nicht durch leere Brieftaschen behindert wurde, kam die Kreditkarte (Diner's Club kam 1950 als erste heraus – man überlege einmal, wann sich in Deutschland die EC-Karte uneingeschränkt durchgesetzt hat), und kalkulierter Verschleiß sorgte dafür, daß gekaufte Artikel nicht lange hielten und der Konsum angeheizt wurde.

Die Konsequenz aus dem geplanten Verschleiß war das Wegwerfprodukt. Gleichlaufend mit der Prosperität entwickelte sich eine Wegwerfethik. In den Illustrierten »Look« und »Life« erschienen Artikel mit Überschriften wie »Those Wonderful Throwaways« oder »Throwaway living«.[8]

Klar, seit Vance Packard[9] ist das alles bekannt, vieles davon im Langzeitgedächtnis abgelegt, aber wir haben uns erlaubt, in geraffter Form, angereichert mit kleinen Anekdoten, ein Stimmungsbild bis Anfang der sechziger Jahre zu geben. Hier nämlich gewann die Adaption amerikanischer Lebens- und Unternehmenskultur in Deutschland gehörig an Tempo.

In der Alltagskultur hat gerade die antiamerikanische 68er Bewegung (Ironie der Geschichte) den Durchbruch gebracht. Viele unter den Lesern werden sich noch gut an die Zeit erinnern, als man in Jeans nicht ins Theater eingelassen wurde. Im Laufe der Jahre wurde dann alles aus dem Angebotskatalog *Amerikanische Lockerheit* geordert. Dabei hat sich manche Lächerlichkeit etabliert, die im deutschen Kulturkreis immer wieder als Alltagskabarett er-

---

[8] Jane Celia Bush: The Throwaway Ethic in America, Pennsylvania 1983.
[9] Sein berühmtes Buch gegen Konsumterror: Die geheimen Verführer, Düsseldorf 1992.

scheint, wie die Ansprache von Kollegen und Vorgesetzten mit Vornamen unter Beibehaltung der *Sie*-Kommunikation (»Heinz-Werner, Sie können sich in der Personalabteilung Ihre Papiere holen«) oder der lockere Freitag, an dem auch der Geschäftsführer in Outdoor-Kleidung am Schreibtisch sitzt.

Den stärksten Anteil an der Umformung unserer Kultur und unserem speziellen Umgang mit *Langfristigkeit* und *Stetigkeit* hatte sicher die Werbung, das Advertising.

»Amerikanische Werbung soll verkaufen, den Zuhörer oder Zuschauer bei nächstbester Gelegenheit zum Kauf eines bestimmten Produkts animieren. Ihre Ansprache ist in der Regel direkt (Kauf es jetzt. Es ist besser … gut für dich … gibt dir ein gutes Gefühl). Europäische Werbung soll das Publikum mehr unterhalten und anregen, ihm einen guten Eindruck von einem Produkt oder Unternehmen vermitteln.«[10]

Unser Geschmack, unser Stil und unsere Sprache drohen unter dem äußeren Druck verlorenzugehen. Wir sind dabei, uns mit vielem – nicht nur dem schleichenden Verlust unserer Sprache – abzufinden, was eigentlich – zum Überleben unserer Gesellschaft – unseren größten Widerstand herausfordern sollte. Wie heißt es in einem Lufthansa-Werbezettel so schön: »Mit dem neuen Standby oneway Upgrade-Voucher kann direkt beim Check-in das Ticket aufgewertet werden.«

Schnell verkaufen, schnell kaufen, schnelles Geld verdienen – wer da mithalten will, muß auch schnell lernen. Der Markt wurde überschwemmt mit Five-Minutes-Guides. Alles war in fünf Minuten, einer Stunde oder einem Tag zu machen: Zeitmanagement, Unternehmensführung, Topverkäufer, Millionär. Wer lange Texte schrieb, konnte nur ein weltfremder Philosoph sein, wer Zeit hatte, sich mit langen

---

[10] Edward A. McCreary: The Americanization of Europe.

Texten aufzuhalten, war folgerichtig arbeitslos. Es galt die Nachteile des Menschen auszumerzen. »Der Mensch ist langsam, ortsgebunden und wirklich«, schrieb Philippe Quéau[11], »Amerika dagegen ist schnell, global und virtuell.« Dem schnellen Geld entsprach das Instant-Produkt *Erfolgsrezept.*

Nun ist es die Eigenschaft eines Rezeptes, zackig die Zutaten zu nennen sowie einige Behandlungshinweise und die Garzeit des Produktes vorhersagen zu können: Nach fünfzehn Minuten ist die Creme steif, nach zwei Tagen haben Sie das erste Auto verkauft, nach zwei Monaten sind Sie Vertriebsleiter. Außerdem, und das ist eine weitere schöne Eigenschaft von Rezepten: Sie sind allgemein gültig, erfordern kein sinnloses Nachdenken über Ausnahmeregeln, Anpassungen, veränderte Umgebungsparameter.

Rezepte haben die Menschen immer fasziniert. (Hat nicht auch Faust sich von Mephisto akquirieren lassen, um ganz schnell die Lösung in Händen zu halten, »um zu sehen, was die Welt in ihrem Innersten zusammenhält«?)

Akquirieren! In den sechziger Jahren kam mit dem amerikanischen Investitionskapital auch die oben beschriebene Kultur zu uns. Sicher gab es zu diesem Zeitpunkt schon rein amerikanische Enklaven auf dem deutschen Markt, IBM oder GM zum Beispiel, aber noch wurden Unternehmen mehrheitlich nach einheimischer Art geführt.

US-Firmen begannen zu kaufen, was zu haben war. ITT (International Telephone & Telegraph) zum Beispiel, nach der Zerschlagung des Monopolunternehmens AT&T finanziell gut bestückt für Investitionen außerhalb Amerikas, deckte sich vom Kabelhersteller über Dosensuppenfabrikanten bis zum Elektrogroßhandelsunternehmen breitgestreut ein. Dann wurden diese Unternehmen mit der »groß-

---

[11] Philippe Quéau: Virtuel, Paris 1993.

artigsten Flut von Produkten und Dienstleistungen in der Geschichte der Menschheit« vertraut gemacht und sollten von nun an auf amerikanische Art *gemanagt* werden. Nun müssen und möchten wir zugeben, daß ein vorsichtiges Verschmelzen (Merging) der Kulturen sehr viel Positives bewirkt hätte. Oder, um es weniger verkrampft auszudrücken: Wir können natürlich auch eine Menge von den Amerikanern lernen.

»Als Ausländer, insbesondere als amerikanische Ausländer, stehen US-amerikanische Geschäftsleute außerhalb der sozialen Hierarchie eines Landes. Sie können leicht Klassenschranken überwinden, müssen sich nicht an alle sozialen Rituale halten und können umfassendere Kontakte als die meisten Europäer aufbauen.«[12]

Auch die weitverbreitete deutsche Dünkelhaftigkeit, die für den Durchschnittsamerikaner völlig unverständlich ist, gehört nicht zu den Eigenschaften, denen wir ein langes Leben wünschen würden – sie wird uns sogar bei der Suche nach pragmatischen Lösungen immer im Wege stehen: »Der amerikanische Geschäftsmann erlebt in Europa immer wieder neue Überraschungen, große und kleine. So muß er vielleicht die Erfahrung machen, daß seine Führungskräfte weniger an einer Lohnerhöhung als an dem Vorrecht interessiert sind, eine halbe Stunde später als die restliche Belegschaft zur Arbeit kommen zu dürfen.«[13]

Leider kam es nicht zu dem angesprochenen *vorsichtigen Merging,* die Regel war die Knallhart-Methode. Zum Beispiel der Aufkauf etlicher alteingesessener deutscher Elektrogroßhändler durch die amerikanische ITT: Die aufgekauften Unternehmen wurden unter neuem Dach und dem

---

[12] Arthur Hadley: The Influence of Charles Darwin Upon Historical and Political Thought, zitiert nach Gert Raeithel: Geschichte der nordamerikanischen Kultur.

[13] Arthur Hadley: The Influence of Charles Darwin Upon Historical and Political Thought.

flüssig von den Lippen gehenden Namen DITTHA (Deutsche ITT Handelsgesellschaft) zusammengefaßt. Bestehende Unternehmenskulturen wurden zerschlagen, ein neues Management eingeführt und Entscheidungswege ins Unerträgliche verlängert (von der Zentrale in Deutschland ins European Headquarter Brüssel zur Zentrale in den USA).

Amerikanisches *Controlling* wurde eingeführt, die ganze Firma auf die monatlichen Bookings und die Revenues ausgerichtet. Monatlich – der Monthly Report. Die längste Denkpause ließ dann der Quarterly Report. Die bisherigen Geschäftsführer, Geschäftsstellenleiter, Vertriebsleute – zum Teil groß geworden, zum Teil alt geworden mit den Kunden – konnten die überlieferte Art der Kundenbetreuung oft nur noch »under cover« betreiben. Der *Kunde* verkam im Wust der Listen und Auswertungen zum Problemfall *potentieller Nichtzahler*.

Falls Sie nicht selbst in einem Alter sind, in dem Sie Derartiges persönlich erlebt haben, denken Sie bitte nicht, daß die sprichwörtliche amerikanische Kundenorientierung und Dienstleistungsmentalität, wie wir sie heute kennen, seit jeher Standard war. Auch die entspricht sozusagen einer neueren Evolutionsstufe.

Wir wurden auch infiziert von der amerikanischen *Linearität* in der Einschätzung von Wirtschafts*prozessen* und dem damit verbundenen Gefühl, alles vorhersagen und prognostizieren zu können. Dies deckt sich mit den in der Ökonomietheorie favorisierten Modellen:

»Die zur Planung in Betriebs- und Volkswirtschaft benutzten theoretischen Modelle waren traditionell linear. ›Vergrößere deinen Verkäuferstamm, und die Verkaufszahlen werden steigen‹ oder ›Nimm die Wachstumsrate der letzten fünf Jahre und gewinne daraus die Projektion für die nächsten fünf Jahre, unter Berücksichtigung der Bevölkerungsentwicklung‹. Lineare Modelle sind aber als Mittel der Vorhersage, wozu sie meist benutzt werden, notorisch unzuverlässig. Prognosen gehen daneben ... Versuche, etwas vorherzusagen, erleiden ein chaotisches Schicksal.«[14] Aus allen vorgenannten Gründen kamen die meisten der damals aufgekauften Unternehmen auch ins Schlingern, oft in lebensgefährliche Schieflage. Entlassungen, Gesundschrumpfung, Verkauf, die ganze Palette der Revitalisierungsmaßnahmen wurde vielen dieser Firmen angetan, um sie dann zu guter Letzt doch fast alle wieder *abzustoßen*, wie es so treffend heißt.

Vieles geht schnell vergessen, und im nachhinein sind die Erklärungen zügig bei der Hand für all den Mißerfolg; zumeist war die gesamte Branche in einer Krise, die Wirtschaft sowieso in der Rezession und eigentlich keiner schuld. Es gibt diesbezüglich viel zuwenig analytische Auseinandersetzungen, die sich mit konkreten Fallbeispielen beschäftigen; die allgemeinen Verrisse à la »Nieten in Nadelstreifen« sind leichter zu schreiben, schneller zu konsumieren – und bewirken letztlich überhaupt nichts.

Daß unzählige dieser Experimente in und mit Unternehmen, sie von einer deutsch geprägten Langfriststrategie auf eine Schnelle-Mark-Strategie umzustellen, schlecht ausgingen, oft auch, weil die Firmenleitung versagt hat – und sei es nur, daß das Rückgrat für entschiedeneren Widerstand gefehlt hat –, dieses Wissen ist vor allen Dingen in den unteren Hierarchiestufen gespeichert. Und glauben Sie es ruhig: Diese Leute sind fürs *Doing* zuständig und fühlen, sehen und wissen mehr, als ihnen oft unterstellt wird.

Oben, in der Geschäftsführungsebene, hat das alles mit blindem Nacheifern und bloßem *Fasziniertsein* begonnen. Kurz: Man fühlte sich gebauchpinselt. Alle Maßnahmen der neuen, englischsprechenden Eigentümer oder Mehrheitsaktionäre wurden kritiklos geschluckt und weitergegeben. Die gesamte Firmenkommunikation dieser Zeit war ein

---

[14] John Briggs/F. David Peat: Die Entdeckung des Chaos, München 1995.

einziges Grauen und verlief nach dem von Daniel Goeudevert beschriebenen Muster:»Wenn Kommunikation als Einbahnstraße von oben nach unten begriffen wird, als eine Art human engineering, bei dem die Entscheidung oben immer schon getroffen ist und durch Gespräche nach unten nur noch abgesichert werden soll, dann wird Kommunikation nur als kosmetisches Schmiermittel eingesetzt.«[15]

An dieser Stelle noch eine notwendige Ehrenrettung etlicher starker Führungspersönlichkeiten, die den Lebensweg der Verfasser in der damaligen Zeit kreuzten und die mit ihren neuen Eigentümern nach dem Goetheschen Motto »Von Zeit zu Zeit seh ich den Alten gern und hüte mich, mit ihm zu brechen« umgingen und ansonsten ihren eigenen Stil durchsetzten – zum Teil mit beeindruckendem Erfolg.

»Viele Köche verderben den Brei«, heißt es, und damit wären wir bei einer weiteren Schwierigkeit, vernünftige Analysen für das Scheitern so vieler Einflußnahmeversuche zu bekommen. Für die ausländischen Eigner war in jedem Fall fehlende Professionalität des einheimischen Führungspersonals verantwortlich, und umgekehrt – war's umgekehrt. Wenn alles nicht half, gab es ja noch die wirtschaftliche Großwetterlage (auch ein Begriff, für dessen Nichtbenutzung man Prämien aussetzen sollte).

Auch für diese Art der Führungskultur gibt es einen schönen englischen Begriff:»muddling through«, und es ist fast beruhigend zu wissen, daß die Amerikaner abseits der vielen Patentrezepte auch das kennen.

Im schnellen Vorlauf noch etwas zu den schnellen Lösungen, die seit den achtziger Jahren mit immer kürzerer Halbwertzeit bei uns einbrechen: Business-Process Reengineering, Lean Production, Lean Management, Kaizen, ISO, Total Quality Management und, wir werden noch dar-

---

[15] Daniel Goeudevert: Wie ein Vogel im Aquarium, Hamburg 1996.

auf zu sprechen kommen, Telework. Das bedeutendste Rezept derzeit und in den nächsten Jahren ist jedoch der Shareholder-value – nicht zuletzt, weil mit diesem Ansatz der Stoß gegen unser gesamtes Gesellschaftssystem geführt werden kann.

Das Rezept der Rezepte: Shareholder-value

Das Ende dieses Jahrtausends dürfte, wenn nichts Gravierendes mehr dazwischenkommt, als »Hochkultur des Shareholder-value« in die Geschichte eingehen. Zukünftige Generationen werden allerdings bei Ausgrabungen kaum noch etwas finden, was an diese Hochkultur erinnern könnte – nichts mehr übriglassen, ist die Maxime dieses Ansatzes.

Shareholder-value ist, als Rezeptur, für den Manager von heute das, was Balsamico-Essig und Preiselbeersauce für Wolfram Siebecks Nouvelle Cuisine ist – unabdingbare Voraussetzung des Erfolges. Daß Muttern früher auch gut gekocht hat und erfolgreiche Unternehmen ohne Shareholder-value entstanden, schert die trendbesessenen Gourmets und Arbeitsplatzfresser von heute nur wenig.

Zur Erinnerung: Shareholder-value oder auf deutsch *Aktionärswert* wird als Konzept dem Amerikaner Alfred Rappaport[16] zugeschrieben und wurde Anfang der achtziger Jahre entwickelt. Im Kern bedeutet dieser Ansatz, unternehmerische Entscheidungen an nichts anderem mehr zu messen als an der Steigerung des Unternehmenswertes (Value) für die Aktionäre (Shareholder). Das Motto könnte lauten: Dividende gut – alles gut. Für die Darstellung in diesem Buch ist es unerheblich, daß dahinter natürlich auch

---

[16] Auf deutsch erschienen unter dem Titel: Shareholder-value – Wertsteigerung als Maßstab für die Unternehmensführung, 1995.

überdenkenswerte, volks- und betriebswirtschaftlich interessante Denkansätze stehen. Interessant für unseren Kontext ist die Tatsache, daß erneut ein Toprezept aus Amerika bei uns gelandet ist, wobei die Umsetzung der Methode wieder einmal das verlorengegangene Fein- und Fingerspitzengefühl in den deutschen Führungsetagen offenbart. In den USA wird der Shareholder-value schon seit gut zehn Jahren praktiziert, in Deutschland stand bislang noch eine kulturelle Grenze dagegen. Das ändert sich derzeit und schnell, genutzt wird er aber vor allem als Kampfansage an bisherige gesellschaftliche Konfliktlösungsstrategien, und er ist dabei etwa so taktvoll wie das Abspielen von Karnevalsliedern auf einer Beerdigung.

Shareholder-value ist die Krönung der Hundert-Prozent-Lösungen der letzten zwanzig Jahre – hier darf der Verzicht auf langfristige, strategische Unternehmensplanung zugunsten des ganz schnellen Profits endlich unverblümt zugegeben werden. Als im März 1997 Krupp den deutlich stärkeren Konkurrenten Thyssen übernehmen wollte und dies noch auf dem Höhepunkt der damaligen Streiks der Kohlearbeiter bekanntgegeben wurde, schrieb der Bankeninsider-Dienst »Der Platow Brief« zum Abwehrkonzept des Thyssen-Chefs Dr. Dieter Vogel: »In der Erkenntnis, daß die auf **Konsens** und **Interessenausgleich** basierende **deutsche Gesellschaft** anders funktioniert als die Gemeinwesen in **Großbritannien** oder den **USA**, setzte Vogel zunächst auf die Kraft von **Emotionen**, d. h. den Widerstand der Beschäftigten und die unter großem öffentlichen Druck stehenden **Volksvertreter**.«[17] (Hervorhebungen aus dem »Platow Brief«)

An diesem Zitat wird deutlich, daß sich alle Beteiligten durchaus des Unterschiedes zwischen unserem auf Konsens und Interessenausgleich ausgerichteten Gemeinwesen in

---

[17] »Der Platow Brief«, Nr. 35, 26. März 1997.

Deutschland und den stark an amerikanischen Konfliktlösungsstrategien und Unternehmensführungsmodellen an-
gelehnten Konzepten bewußt sind.

An der Ausarbeitung der Übernahmestrategie war im
übrigen auch das amerikanische Investmenthaus Goldman
Sachs beteiligt. Goldman Sachs, eine der größten Invest-
mentbanken und erste Adresse für die Konsolidierung
transnationaler Gesellschaften, ist selbst ein typisches Beispiel für angewandten Shareholder-value. Nachdem das
Unternehmen in den letzten Jahren getreu seiner allenthalben propagierten Rezeptur auch bei sich selbst die Last der
überhöhten Lohnkosten reduziert und zwanzig Prozent der
Belegschaft entlassen hatte, konnte Goldman Sachs 1995
seine Gewinne innerhalb eines Jahres von neunhundertein-
unddreißig Millionen Dollar auf 1,9 Milliarden Dollar ver-
doppeln. Die Sparmaxime galt jedoch nicht für alle. So
schüttete die Firma an jeden ihrer hundertfünfundsiebzig
Gesellschafter zusätzlich zu den Kapitalerträgen einen Jah-
resbonus von zweihunderttausend Dollar[18] aus.

Alle überdenkenswerten Ansätze hinter dem Konzept
Shareholder-value werden durch die Art, wie das Konzept
hierzulande verbreitet wird, vollständig verdeckt. Mit fast
sadistischer Freude wird das Konzept beschrieben nach
dem Motto »Seht, Freunde, was da auf euch zukommt«.
Über »Kettensägen-Al«, den amerikanischen Sanierer und
Protagonisten des Shareholder-value Albert Dunlap,
schreibt »DER SPIEGEL«: »Ich pflege mich kurz zu fassen, begrüßte Albert Dunlap die Topmanager der Haus-
haltspapierfirma Lily-Tulip. Dann zeigte er auf zwei Herren
und befahl: Ihr beiden bleibt – der Rest ist gefeuert.«[19]

Eines wird aus solchen Aussagen in jedem Fall deutlich:
Falls Albert Dunlap jemals einen Kommunikationskurs ab-

---

[18] Frédéric F. Clairmont in »Le Monde diplomatique«, April 1997.
[19] »DER SPIEGEL« 13/1997.

solviert hat, dann sicher einen von der Fünfzig-Minuten-Sorte.

Die vielen Brachialbeispiele, die uns die einschlägige Presse derzeit zum Thema Unternehmensführung präsentiert, dienen, oder sollen dienen, dem Frontalangriff auf die europäische beziehungsweise deutsche Befindlichkeit und Vorsicht beim Umbau unseres Gemeinwesens.

»Wie aber«, fragt David Soskice[20], »gehen deutsche Unternehmen mit dem Shareholder-value um? Nehmen wir den Aus- und Weiterbildungsbereich: Deutsche Unternehmen bilden auf eine Art und Weise aus, die sich sicherlich *nicht kurzfristig und unmittelbar auszahlt.* Wie würde ein amerikanischer oder britischer Manager reagieren? Nun, er würde vermutlich den Ausbildungsbereich zusammenstreichen, wie in Großbritannien, wo es faßt keine Lehrlingsausbildung mehr gibt. Denn der Shareholder-value-Ansatz verträgt sich *nur schlecht mit langfristig* angelegten Profitinteressen. Der Impuls, der vom Shareholder-value ausgeht, legt die profitablen Bereiche und die Schwachstellen offen, zerschlägt Unternehmen. Ein solches Vorgehen ist in deutschen Unternehmen nicht ganz einfach. Das gilt übrigens auch für die Zuliefererbeziehungen. Ein amerikanischer Manager würde, ohne mit der Wimper zu zucken, eine gewachsene Verbindung aufkündigen, wenn es eine günstigere Alternative gibt.« (Hervorhebungen durch die Verfasser)

Wir haben Werte zu verteidigen. Wir haben unser Gemeinwesen auf *Stetigkeit* und eine gewisse *Verläßlichkeit* aufgebaut – kulturell, wirtschaftlich, in den politischen Machtstrukturen, in unserem Rechtssystem. Wenn man uns heute glauben machen möchte, dies alles sei Schnee von gestern und »outdated«, verlangt dies unsere entschie-

---

[20] David Soskice ist Direktor am Wissenschaftszentrum Berlin für Sozialforschung; Zitat aus einem Podiumsgespräch mit Dr. Rainer Hank von der Hans-Böckler-Stiftung.

dene Gegenwehr – mit Rückgrat und Zivilcourage. Wir müssen uns klarmachen: **Vieles in unserem Gemeinwesen hat sich bewährt. Wir haben eine verdammte Menge zu verlieren.** Wir sind sicher, daß David Soskice nicht falschliegt mit seiner Vermutung, daß auch viele Amerikaner uns beneiden – gerade um die Beständigkeit unseres Handelns. Während des bereits zitierten Podiumsgespräches sagte er dazu:

»Ich glaube tatsächlich, daß es den Amerikanern an der Fähigkeit mangelt, langfristige Perspektiven zu entwickeln, sehe die Welt aber zugleich nach dem Prinzip der ›comparative advantages‹, der komparativen Vorteile, funktionieren. Und die deutsche Industrie ist zweifelsfrei der erfolgreichste Exporteur der Welt. Das ist ihre Art, Werte zu schaffen, und es gibt viele Amerikaner, die sagen: Wäre es nicht wunderbar, wenn wir das auch könnten? Was ist nun das Geheimnis des Erfolges der Deutschen, ja aller Nordeuropäer auf den Gebieten Maschinenbau oder Chemie? Ich sage: Diese Unternehmen *verstehen sich auf eine langfristige Perspektive.* Wir haben es also mit unterschiedlichen Systemen zu tun, die jeweils durchaus ihre Vorteile zu nutzen wissen. Wenn Deutschland nun versuchen würde, kurzfristige Perspektiven zu importieren – so attraktiv dies für den Augenblick auch sein mag –, würde es wohl zugleich großen *Schaden an seinen langfristigen Perspektiven* nehmen, die doch den außergewöhnlichen Erfolg des deutschen Systems ausmachen.«[21] (Hervorhebungen durch die Verfasser)

Die Frage lautet: Wie viele Experimente mit neuen Heilmethoden wird unser wirtschaftliches und politisches System noch verkraften, bevor es kollabiert? Und ist allen, die an diesem Umbau mit der Brechstange beteiligt sind, klar, daß niemand mehr vorhersagen, geschweige denn

---

[21] Ebd.

planen kann, wohin sich dieses dann aus der Bahn gewor-
fene System bewegen wird? Wer wird die Verantwortung
dafür übernehmen, und wer wird die Folgen tragen?

Einige Fragen zu den langfristigen Auswirkungen

Sollte sich bei uns ein derartiger Utilitarismus[22] breitma-
chen, sollte bald nur noch das zählen, was sich kurzfristig
und unmittelbar auszahlt, dann wird auf lange Sicht auch
der gesamte Wissens- und Erfahrungsbestand unserer Gesellschaft zerstört werden.

Schon heute ist das Wehklagen darüber groß, daß
Deutschland in allen wichtigen Forschungsbereichen den
Anschluß zu verlieren droht und daß die Innovationskraft
Deutschlands immer geringer wird.

Innovationen hatte Professor Josef Schumpeter als das
pulsierende Herz der kapitalistischen Entwicklungsdyna-
mik bezeichnet.[23] Bleiben wir in diesem Bild, dann werden
wir in absehbarer Zeit an der Herz-Lungen-Maschine hängen. Forschung und Ausbildung vertragen sich nun mal sehr
schlecht mit auf den Moment gerichteten Gewinninteres-
sen.

Das beginnt damit, daß Innovation ohne einen vi-
sionären Unternehmer, der seinen Ideen Bahn bricht, gar
nicht denkbar ist. Als 1884 das Glaswerk Schott & Genos-
sen in Jena gegründet wurde, war ein wichtiger Grund für
die Standortwahl die Nähe zu einer Universität mit all den
Möglichkeiten des wechselseitigen Austausches. Die Herren Schott, Abbe und Zeiss, die ihr Lebenswerk im übrigen
in eine Stiftung eingebracht haben, die noch heute im vol-

---

[22] »Auf die bloße Nützlichkeit gerichtet«.
[23] Josef Schumpeter: Theorie der wirtschaftlichen Entwicklung, Wien
1926.

len Besitz der Firmen Schott Glaswerke und Zeiss Optik ist, haben damals den Grundstein für den Weltruf der deutschen Glasindustrie gelegt. Und als im Mai 1951 der Neubeginn im Westen Deutschlands von Dr. Erich Schott eingeleitet wurde, fiel die Entscheidung auf Mainz:»Für Schott sind die ausschlaggebenden Gründe zugunsten von Mainz nicht nur die verkehrsgünstige Lage in der Mitte der Bundesrepublik ... sondern auch die Atmosphäre einer nicht zu großen Stadt mit Universität. Denn die gegenseitige Befruchtung von Universität und Glaswerk hatte sich bereits in Jena als vorteilhaft erwiesen.«[24]

Ständig bringt das Unternehmen neue Spezialgläser für optische, technische, chemische, pharmazeutische, elektrotechnische und hauswirtschaftliche Zwecke auf den Markt. Auch die Schmelz- und die Weiterverarbeitungstechnologie werden ständig verbessert. Man kann sich ohne viel Phantasie vorstellen, wie Arbeitswelt und wissenschaftliche Forschung Hand in Hand Großartiges geschaffen haben. Der visionäre Geist des Unternehmens hat den Elan der Universität mit angefacht, die Studierenden mit Zukunftsperspektiven versehen. Und die Universität mit dem Wunsch zum Wandel und dem Tatendrang der Jugend hat dem Unternehmen immer genügend neue Impulse gegeben, daß die herausragende Qualität der Produkte bereits zur Jahrhundertwende den Exportanteil auf über fünfzig Prozent klettern ließ.

Forschung und Innovation treiben nicht nur ein Unternehmen, sie treiben eine ganze Gesellschaft nach vorn. Die aktive Suche nach und die Beschäftigung mit dem Neuen ermöglicht eine wirkliche Aneignung der Zukunft.

Das bloße Leben aus dem Bestand, das Plündern der Vorräte, ohne den Silo wieder entsprechend nachzufüllen, wird die nachfolgende Generation mit einem Haufen *Mc-*

---

[24] Zitiert nach »Von Jena nach Mainz – und zurück«, Schott-Geschichte, Mainz 1995.

Jobs und der Leere und Sinnlosigkeit zurücklassen, die sich, für alle sichtbar, heute schon andeuten. Und wenn unser Führungsnachwuchs immer nur die gleichen Rezeptbücher durchkaut, dann gilt: »Getret'ner Quark wird breit, nicht stark.«

Der Verband Deutscher Elektrotechniker (VDE) hat jüngst zur Entwicklung des Marktes für Mikroelektronik in Deutschland angemerkt, daß »die jährliche Steigerung mit 12 Prozent unter dem Weltmarktniveau liegen wird«. Und weiter heißt es dann: »Dieser prognostizierte Marktanteilsverlust in dieser Schlüsseltechnologie wird vom VDE mit großer Besorgnis gesehen.«[25]

In einer Trendanalyse des VDE von Anfang 1997[26] konnte man unter der Rubrik »Entwicklung der Erfindungstätigkeit in der Mikroelektronik, Patentanmeldungen inländischer Anmelder« die nackten Zahlen zu den Patentanmeldungen im Bereich Mikroelektronik nachlesen: BR Deutschland 1996: *897* Anmeldungen, die USA im Vergleichszeitraum *2.738* und Japan *19.894* Anmeldungen. Nein, kein Druckfehler, nachzulesen in der Studie des VDE.

Wie in Deutschland seit langem üblich, werden als Lösung vor allen Dingen staatliche Subventionen gefordert – und auch eine Änderung, so wird gerne verbreitet, scheint nur durch staatliches Handeln möglich. Wir müssen dem jedoch entgegenhalten, daß Forschung und Entwicklung vor die Hunde gehen, weil langfristige Strategie in politischem und wirtschaftlichem Handeln vor die Hunde geht.

Alles, was uns an Wissen von der jeweils vorigen Generation weitergegeben wurde, taugt erst, wenn es durch das Härtungsbad des eigenen Handelns gegangen ist und dadurch zu unserer eigenen Erfahrung, unserem dann eige-

---

[25] Aus: »VDE Pressedienst« 21/1997.
[26] Aus: VDE-Trendanalyse '97, Trends der Mikroelektronik und ihrer Anwendung, Frankfurt 1997.

nen Besitz geworden ist. Alles andere ist bloßes Aufbrauchen eines uns zum Hüten übergebenen Schatzes – bis zum Schluß eben nichts mehr da ist.

Goethe hat in seinem Jahrtausendwerk »Faust« nur zwei Zeilen benötigt, um diese Weisheit für immer festzuhalten:
»Was du ererbt von deinen Vätern, erwirb es, um es zu besitzen.«

Wie der Herr, so 's Gescherr

Auf hochdeutsch: Wie der Herr, so der Diener.

In Politik, Wirtschaft und Vereinen (man schaue sich die vielen maroden Fußballvereine an) hat viel zu oft eine Riege von Dilettanten und »hochbezahlten Miesmachern«[27] das Führungsruder übernommen. Schon die Darstellung der alltäglichen Erscheinungen dieser Führungsunfähigkeit läßt uns für die Zukunft an nichts Gutes denken.

Im Kontext der vorangegangenen Abschnitte wird deutlich, daß etwas anderes so schnell auch nicht zu erwarten ist. Lesen Sie einmal die Personality News in den einschlägigen Computer-Fachzeitschriften: Da werden Fünfundzwanzigjährige zu Leitern (Pardon: Managern) von Profit-Centern, Achtundzwanzigjährige als European Marketing Manager inauguriert, und mit Dreißig erfolgt, wahrscheinlich nach einem harten und erfolgreichen Berufsleben, die Berufung zum Geschäftsführer. Und wie jüngst gelesen, wird ein Neunundzwanzigjähriger als neuer Senior Consultant eines Software-Herstellers gefeiert.

Welche Auswirkungen es hat, wenn man junge Menschen mit einem Übermaß an Geld und Titeln überhäuft, ist immer wieder auf dem Fußballplatz zu beobachten. Ein Heer

---

[27] Helmut Kohl in einer Rede zum fünfundzwanzigsten Geburtstag des Software-Hauses SAP in Mannheim.

schwerreicher ewiger Talente und verzogener Schnösel durchpflügt weltweit die Rasenflächen. Merkwürdigerweise kann auch jeder die negativen Folgen solchen Tuns nachvollziehen, wenn man Beispiele aus dem Themenfeld Sport aufführt. Offensichtlich scheinen, verglichen damit, die Verantwortlichkeit für das Produktportfolio eines Unternehmens oder gar die Führung eines Unternehmens mit Verantwortung für viele Arbeitsplätze nur von untergeordneter Bedeutung zu sein.

Das nicht mehr überschaubare Angebot an Persönlichkeits- und Selbstfindungsseminaren, an Führungskursen und Karriere-Erfolgsrezepturen gibt jedoch einen guten Hinweis, wohin das alles geführt hat: Mit Dreißig kommen die ersten Sinnkrisen, mit Fünfunddreißig der *totale Burnout*. Dann hilft nur noch, mit nackten Füßen über brennende Holzkohlen oder Glasscherben zu laufen, sich Vogelspinnen aufs Gesicht legen zu lassen oder, in ganz hartnäckigen Fällen von Verzweiflung, sich für zwei Wochen mit dem Hubschrauber über Einödgebieten absetzen zu lassen. Mit etwas Glück wird dabei wieder neue Kraft für weitere sechs Monate harten Überlebenskampfes getankt.

Robert Hughes, ein amerikanischer Kolumnist, hat diesen Trend der Zeit so schön beschrieben: »... die Herren der Schöpfung haben sich in die Wälder getrollt, wo sie ihr Mannestum unter Beweis stellen, indem sie sich gegenseitig die Achselhöhlen beschnüffeln und den Ergüssen drittklassiger Poeten über den feuchten, haarigen Satyr lauschen, der in jedem von ihnen wohnt.«[28]

Völlig im Einklang mit dem Bewegungsmuster unserer Gesellschaft, übernehmen diese jungen Leute bei Antritt ihres *Jobs* oft auch keine Verantwortung für ein übergeordnetes *Etwas* (ein Produkt, eine Firma, eine Vision oder eine

---

[28] Aus: Robert Hughes: Nachrichten aus dem Jammertal, München 1994.

Gemeinschaft), nein, sie machen einfach etwas *für sich*. Die bloße Tatsache, daß sie eine Visitenkarte vorzeigen können, sollte uns nicht zu dem Irrtum verführen, etwas anderes zu glauben.

Sagen Sie heute einem x-beliebigen Jugendlichen, er sei frei, Verantwortung zu übernehmen, und Sie werden feststellen: Gerade das will er nicht. Wir fürchten, daß der Trendbegriff von der Generation X[29] so gerne zitiert wird, weil heute alles *x-beliebig* wird.

Dagegen die *Bellheim*-Generation – ein Leben ohne Verantwortung wäre für sie nicht denkbar gewesen. Überspitzt gefragt: Könnte man sich einen Thyssen, einen Siemens oder einen Abbe, einen Merck oder einen Nixdorf auf einem solchen Führungsseminar vorstellen? Auf dem Tisch sitzend und wie ein Hahn krähend, um zu sich selbst zu finden?

Da wir gerade bei Verantwortung sind, lassen Sie uns nahtlos überleiten zum nächsten Beispiel, das wir salopp mit den Worten überschreiben können:»Was stört mich mein Geschwätz von gestern?« Das Thema, Sie ahnen es schon: Ein gegebenes Wort gilt heutzutage nichts mehr.

Es ist zum Beispiel völlig selbstverständlich geworden, daß sich ein Heer von Experten und Kennern für jeden Menschen ersichtlich und ohne jedes Schamgefühl, geschweige denn Worte der Entschuldigung seit Jahrzehnten bei jedem größeren wirtschaftlichen Projekt *immer zuungunsten* des Steuerzahlers verrechnet. Ob es um eine Eisenbahnstrecke geht oder einen Wasserkanal, ein neues Militärflugzeug oder eine Kraftwerkstechnologie, ob Transrapid, Aufbau Ost oder neue Bundestagsgebäude – immer liegen die ersten Schätzungen von den tatsächlichen Kosten etwa so weit weg wie Hollywood vom Deutschen Museum in München.

---

[29] Nach dem Erfolgsroman von Douglas Coupland: Generation X, Hamburg 1991.

Der Unglaube gegenüber diesen Schätzungen dürfte heute so sehr Teil des überlieferten Kulturgutes unseres Volkes sein wie die Märchen der Brüder Grimm.

Wir hatten die Abschnittsüberschrift »Wie der Herr, so 's Gescherr« getitelt, und wir sehen auch an diesem Beispiel, wohin *vorgelebte Unglaubwürdigkeit* führt. Das gesellschaftliche Klima, das Gespräch zwischen Politiker und Bürger, zwischen Arbeitgeber und Arbeitnehmer, zwischen Expertengruppen und Bürgerinitiativen, zwischen Arbeitgeberverbänden und Gewerkschaften ist auf lange Sicht belastet, wenn nicht vergiftet. In einer komplexen, für den einzelnen kaum noch zu überschauenden Welt bedarf es einiger Fixpunkte. Glaubwürdigkeit ist einer der wichtigsten.

Unangenehmes muß nicht beschönigt werden, eine Durststrecke nicht schöngeredet werden, um Akzeptanz zu erlangen. Akzeptanz wird durch Glaubwürdigkeit erreicht.

Niccolò Machiavelli, Florentiner und Staatssekretär (so würde man seine Stellung heute kennzeichnen), wird oft mit dem Ausspruch zitiert, eine Grausamkeit, die man als Herrscher zu tun gezwungen ist, sollte man zu Anfang seiner Amtszeit begehen.[30] Seine Empfehlung war: Wohltaten müssen tropfenweise verabreicht werden, damit sie sich besser einprägen, Grausamkeiten müssen schlagartig praktiziert werden, damit sie rascher dem Vergessen anheimfallen.[31] Da dies Anfang des sechzehnten Jahrhunderts geschrieben wurde, gehen wir bei der Interpretation Machiavellis einmal davon aus, daß *Grausamkeit* heute etwas grundsätzlich anderes bedeutet als zu seiner Zeit. Heutzutage würde das Streichen eines Steuervorteils als *Grausamkeit* gelten. Oder die Erhöhung des Eintritts zum öffentlichen Gemeindebad. Man könnte staunen, wie sehr

---

[30] Aus: Il principe (»Der Fürst«).
[31] Zitiert nach Hans Maier (Hrsg.): Klassiker des politischen Denkens I, München 1968

sich die Empfindungen verändert haben. Interessant ist auch, wie Machiavellis Vorgaben umgekehrt wurden: Heute werden Grausamkeiten tröpfchenweise verabreicht, eventuelle Wohltaten dagegen eher en passant.

Da die Beliebigkeit also längst die Glaubwürdigkeit abgelöst hat, kann man sich nur noch über die Naivität wundern, mit der allenthalben der fehlende Optimismus in unserer Gesellschaft beklagt wird. Wo sind die Persönlichkeiten und die Zukunftsvorstellungen, hinter denen zu sammeln sich lohnt?

Rasante Entwicklung fördert die Beliebigkeit

Wenn ein ganzes Volk die Beliebigkeit scheinbar akzeptiert hat, ohne daß Revolte spürbar wird, lohnt es, noch einen Moment bei diesem Phänomen zu verweilen. Nehmen wir einmal an, Sie bäten einen Ihrer Abteilungsleiter, für die nächsten Planungsgespräche die Umsatzerwartungen des kommenden Halbjahres festzulegen und zu erläutern. Gehen wir auch davon aus, daß von diesen Zahlen eine wichtige Entscheidung, zum Beispiel die Eröffnung einer Niederlassung, beeinflußt wird. Alle Beteiligten – Sie als Unternehmer ebenso wie Ihr Abteilungsleiter – sind von der Entscheidung direkt betroffen, so daß jeder sein Bestes gibt und für die Qualität der eigenen Leistung geradesteht.

Nehmen wir umgekehrt an, Sie sind der Abteilungsleiter und werden um Abgabe der Zahlen gebeten. Es ist fast selbstverständlich, daß Sie um das beste und realistischste Ergebnis ringen. Nicht zuletzt Ihr eigener Arbeitsplatz und möglicherweise Ihre ganz persönliche Zukunft hängen davon ab, wie genau Sie arbeiten.

Als ebenso selbstverständlich erachten wir es, daß Sie (hoffentlich gehören Sie noch zu diesem Menschenschlag), falls sich Ihre Zahlen als haltlos erweisen, Verantwortung dafür übernehmen. Sie werden leiden, möglicherweise Scham empfinden – Sie werden sich wahrscheinlich auch entschuldigen.

All diese scheinbar völlig normalen Verhaltensweisen gelten aber plötzlich nicht mehr, wenn der Verursacher in keinem Verantwortungszusammenhang mit seinen Taten mehr steht. Wenn der skandalumwitterte Schürmann-Bau den Steuerzahler sechshundertfünfzig Millionen Mark kostet, dann gibt es keinen einzigen Verantwortlichen mehr, nur noch widerwärtige, beschämende Ausflüchte und Verweise auf den jeweils anderen. Noch nicht einmal die verantwortliche Ministerin hat den Anstand zum freiwilligen Rücktritt.

Ursache hierfür ist eindeutig die fehlende Handlungsverantwortung und die Tatsache, daß langfristiger Entwicklung kaum noch Bedeutung   beigemessen wird. Wenn etwas schiefgeht, hat der Verursacher häufig schon den nächsten Karrieresprung gemacht, er ist in einem anderen Ministerium oder für eine andere Firma tätig, und für ihn gilt: Nach mir die Sintflut (beim Schürmann-Bau ja im wahrsten Sinne).

Der lange Schatten der Zukunft

Quick and dirty ist zu *smart* mutiert und wird klammheimlich bewundert. Begrifflichkeiten wie *langfristige Strategie, Geduld* und *langer Atem* dagegen stehen für lungenkrank, Altenheim, erfolglos.

Mit den Gesetzmäßigkeiten, die sich in der Zusammenarbeit, der Kooperation von Mensch zu Mensch, von Kunde zu Lieferant, von Unternehmen zu Unternehmen, von Nation zu Nation, entwickeln, beschäftigt sich auch die *Spieltheorie.* Ohne ins Detail dieser Theorie einzusteigen, möchten wir Sie mit einigen Schlußfolgerungen bekannt machen. Wer sich für diesen strategischen Ansatz näher interessiert, dem sei besonders das Buch von Robert Axelrod empfohlen, aus dem wir nachfolgend zitieren: »Die Entwicklung der Kooperation wird dadurch ermöglicht, daß die Spieler immer wieder aufeinandertreffen können. Dies bedeutet, daß gegenwärtige Entscheidungen nicht allein den Ausgang des gegenwärtigen Treffens bestimmen, sondern auch die späteren Entscheidungen der Spieler beeinflussen können. Die Zukunft kann folglich einen Schatten auf die Gegenwart zurückwerfen und dadurch die aktuelle Situation beeinflussen.«[32]

Soll heißen: Wenn innerhalb eines Kooperationssystems (Kunde/Lieferant, Arbeitgeber/Arbeitnehmer etc.) allen Teilnehmern hinreichend klar ist, daß sie »wieder aufeinandertreffen«, die Folgen ihrer augenblicklichen Handlung *von ihnen selbst* in der Zukunft wieder ausgebadet, verantwortet werden müssen, dann wird ihre augenblickliche Handlung eher auf gute Zusammenarbeit und an Künftigem ausgerichtet sein, wie sie auch mögliche zukünftige Auswirkungen in ihrem gegenwärtigen Handeln antizipieren und berücksichtigen. Sie werden dann, wie ein Schachspieler, viele Züge in die *Zukunft voraus* denken, und diese Zukunfts*vision* wird zurückwirken und die momentane Handlung beeinflussen.

Hier sind schon Ansätze für realistische Lösungen sichtbar, mit denen wir uns auch in späteren Kapiteln noch beschäftigen werden.

Eine Forderung steht: die Rückbesinnung unserer Gesellschaft auf Beständigkeit. Manch einer wird als Gegensatz zu der von uns vielfach kritisierten Schnellebigkeit den Begriff *langsam* vor Augen haben und *langsam* mit *lahmarschig* übersetzen. Im Rahmen unseres Buches jedoch ist das konträre Verhalten *beständig sein*. Beständig nicht zu-

---

[32] Robert Axelrod, Die Evolution der Kooperation, München 1995.

101

letzt auch im Sinne von: Ich stehe zu meinen Aussagen von gestern – mein gegebenes Wort hat seinen Wert in einem längerfristigen Kontext.

Und weil er es so präzise auf den Punkt bringen kann, übergeben wir abschließend noch einmal das Wort an Robert Axelrod:

»Die Evolution der Kooperation erfordert, daß die Individuen eine hinreichend große Chance haben, sich wieder zu treffen, damit sie ein ausreichendes Interesse für ihre zukünftige Interaktion besitzen.«[33]

Wo bitte geht es zum nächsten Trend?

»Gut Ding will Weile haben, sagt der Volksmund, wir aber«, schreibt Daniel Goeudevert, »laufen auf höchsten Touren und Gefahr, vor lauter Beschleunigung das Tempo mit dem Ziel zu verwechseln.«[34]

Unter dieser Verwechslung dürfte auch das Top- und Mittelmanagement weltweit leiden. Prägnante Beispiele hierfür sind die vielen Untersuchungen, bei denen Firmenchefs und Topmanager die Frage: »Verstehen Sie die neuen Technologien?« mehrheitlich mit einem klaren (und anerkennenswert ehrlichen) Nein, die nachfolgende Frage: »Gedenken Sie die neuen Technologien in den nächsten zwei Jahren in Ihrem Unternehmen einzusetzen?« jedoch mit einem ebenso klaren Ja beantworten.

Zu einem solchen Verhalten werden sie getrieben durch das atemberaubende Tempo der Entwicklung; vergleichbar einem Reisenden, der in einem mit vierhundert Stundenkilometer dahinrasenden Zug mit zunehmender Geschwindigkeit keine Chance mehr hat, die Einzelheiten der Land-

---

[33] Ebd.
[34] Daniel Goeudevert: Wie ein Vogel im Aquarium.

schaft wahrzunehmen, die er gerade durchbraust. Bei der Ausfahrt aus dem Bahnhof ist eine Orientierung *noch möglich,* bei der Einfahrt ins Ziel *wieder möglich* – alles dazwischen verschwindet in einer Blackbox.

Eine exakt gleiche Entwicklung durchlaufen auch Trends – mit der wesentlichen Ausnahme, daß man den *Zielbahnhof* im voraus nicht kennt. Aber auch der Trend nimmt langsam Fahrt auf, wird mit steigendem Tempo nicht mehr korrigierbar; und erst im Auslauf wird deutlich, ob der Ritt auf diesem Trendteppich ins gelobte oder ins verwunschene Land geführt hat. Damit sind wir wieder bei den Managern als den *Sieben Schwaben* angelangt.

Trends, denen man in Ermangelung einer eigenen Strategie hinterherlaufen kann, gibt es zur Genüge. Um das vorher Gesagte etwas zu konturieren, möchten wir drei dieser aktuellen Trends etwas näher betrachten. Es gibt sehr viele andere interessante Trends, uns soll zur Illustration diese kleine Auswahl genügen.

1. Internet

Das Internet ist augenblicklich weltweit der Megatrend. Die Vernetzung von Millionen Computern auf dieser Erde mit dem Ziel der Zugänglichmachung einer Unzahl von Informationen, die letztlich kaum einer braucht, ist der *Hype* (sozusagen der Übertrend) schlechthin. Obgleich alle Untersuchungen zu diesem Thema deutlich machen, daß mit dem Internet bisher kein Geld zu verdienen ist (Stand Mai 1997), wird in dieses neue Medium alles Verfügbare an Geld und Hoffnung investiert. Es gibt zahlreiche seriöse Hinweise darauf, daß sich in den nächsten Jahren viele tausend Anbieter wieder aus dem *Netz aller Netze* verabschieden werden – wegen Nutzlosigkeit des Mediums für die eigenen Unternehmensziele.

Natürlich gibt es Branchen, für die das Netz eine sinnvolle Weiterentwicklung ihrer derzeitigen Tätigkeit darstellt. Diese Vorteile gelten aber für die wenigsten Unternehmen.

Auch die Verfasser haben schon in einigen Artikeln darauf hingewiesen, daß es verfrüht ist, dem Internet in seiner heutigen Form eine grandiose Zukunft vorherzusagen. Etablierte Medien wie Fernsehen, Telefon und Fax, die zudem den unschätzbaren Vorteil einer Massenakzeptanz und Massenbenutzbarkeit, vom vierjährigen Töchterchen bis zum neunzigjährigen Opa, besitzen, werden ihre Überlebensfähigkeit in den nächsten Jahren noch beweisen. Dies zumindest so lange, bis sich die Hersteller der verfügbaren Informationsquellen auf wirklich tragfähige Integrations- und Kompatibilitätskonzepte verständigt und diese für die Konsumenten zufriedenstellend umgesetzt haben. Die Anbieterstrukturen werden sich noch einmal so stark verändern, daß es sich empfiehlt, erst einmal in Ruhe abzuwarten.

Dazu kommt, daß den Unternehmen das Internet als eine *Technologie* verkauft wird, nicht als eine *Lösung.* Aus verständlichen Gründen verzichten die großen Anbieter von Internet-Ware darauf, dem Anwender einen konkreten Nutzen für seine speziellen Probleme zu offerieren. Technologie wird, wie so oft, um ihrer selbst willen angeboten, aus Gründen des Tempos, dem man sich nicht versagen darf.

Uns scheint, daß auch in dieser Frage der deutsche Mittelstand wieder einmal, und wenn nur instinktiv, die Vorreiterrolle, diesmal in Sachen *Abwarten,* übernommen hat. Immerhin haben derzeit (Stand Mai 1997) nur zwischen zwei und drei Prozent des Mittelstandes einen Internet-Anschluß.

Denen, die ihn nicht haben, bleibt noch ein weiterer Nachteil erspart: Auf über hundert Millionen Mark wird der Schaden geschätzt, den Mitarbeiter durch lustiges *Surfen* im Netz ihrem Arbeitgeber verursachen – natürlich während der Arbeitszeit und auf Telefonkosten ihres Brötchengebers. Gerade in den anonymeren Strukturen von Großunternehmen ein beliebtes Vergnügen.

Unsere Trendbewertung: Genau beobachten, klaren Nutzennachweis für das eigene Unternehmen/die eigene Abteilung fordern, Vorsicht bei der Einführung.

2. Telework

Von Telework (der Möglichkeit, einen Computerarbeitsplatz nach Hause zu verlegen und über eine Datenleitung mit seinem Arbeitgeber zu kommunizieren) hatte man 1996 schon Märchenhaftes gehört. Millionen neuer Arbeitsplätze sollten damit möglich werden, die Umwelt sollte durch weniger Fahrten zum Arbeitsplatz (es gibt zwischenzeitlich Studien, die diesen Effekt nicht abgedeckt sehen) in ungeahntem Ausmaß entlastet werden, und es sollte Streß für viele Arbeitnehmer abgebaut werden.

Tatsächlich haben wir in Deutschland bisher keinen großen Durchbruch erzielt. Zum Teil liegt es daran, daß wir Deutschen ein anderes Verhältnis zu *Autorität* haben. Der Unternehmer, Manager oder Abteilungsleiter möchte seine Untergebenen gerne im Sichtfeld haben, aus dem Gefühl heraus, daß ohne Kontrolle nichts läuft. Umgekehrt brauchen auch die Angestellten Sichtkontakt und Stallgeruch: die Gespräche in der Teeküche und am Kopierer, die Gerüchteküche, das Mienenspiel des Vorgesetzten, aus dem man herauslesen möchte, wie es um die eigene Zukunft bestellt ist.

Zum zweiten liegt es auch daran, daß Telework nicht als konkrete Lösung (für welche Branche, welche Aufgabenbereiche, welche Qualifikationen, welche Technologien eignet es sich?) verkauft wird.

Der erste Grund, die spezielle deutsche Psyche, ist mit Abstand das größte Hindernis für eine erfolgreiche Umsetzung von Telework. Wir empfehlen hier, weniger auf Berater und psychologische Programme zu setzen – es dürfte mehr als ausreichend sein, wenn Sie als Führungskraft den Mut finden, Telework in ausgewählten Bereichen einzuführen. Damit werden Sie den Veränderungsprozeß am nachhaltigsten in Gang setzen.

Unsere Trendbewertung: Telework kann viel zur Veränderung der Arbeitslandschaft in Deutschland beitragen. Informieren Sie sich nicht nur über die Technologie, beschäftigen Sie sich auch mit den sozialen Folgen. Es liegt sehr viel aussagekräftiges Material vor. Seien Sie mutig, und initiieren Sie Telework-Projekte.

3. Geldgeschäfte ohne Bankschalter

Direktbanking, Homebanking, schalterlose Bank lauten die Schlagworte. Auch die Traumjobs der Deutschen, Bank- oder Versicherungsangestellter, werden *volatil.*[35] Im Zuge der Kosteneinsparung, koste es, was es wolle, steigen alle Großbanken mit einer eigenen Direktbank in den Markt ein, wobei die Filialdichte in Deutschland auch zu hoch ist. In Europa hat lediglich die Schweiz mehr Bankfilialen pro Einwohner.

Direktbanken haben wesentlich weniger Kostenballast – keine teuren Filialnetze, preiswertere Mitarbeiter, die als wesentliche Qualifikation eine angenehme Telefonstimme haben müssen und Daten in den Computer eingeben können. Oft sind es preiswerte Studenten und Studentinnen, die an den Telefonarbeitsplätzen einen Halbtagsjob erledigen. Die erste Direktbank Deutschlands wurde übrigens schon 1965 gegründet (die Allgemeine Deutsche Direktbank), doch erst im Zuge der Entwicklung von Btx und Homebanking und den damit verbundenen Möglichkeiten des Direktzugriffs von Bankkunden auf ihre Konten hat sich die Entwicklung der *filialfreien* Bank forcieren können. Mit Stand vom März 1997 haben erst eineinhalb Millionen Deutsche ein Direktbank-Konto – die Entwicklung läuft noch sehr schleppend.

Dabei sollten auch die Banken gesellschaftliche Trends aktiv vorwegnehmen, statt ihnen hinterherzulaufen. Dazu

---

[35] *Volatil* heißt *flüchtig,* klingt aber weniger beängstigend und hat sich deshalb in der Branche zu einem Modewort entwickelt.

gehört auch die *Übernahme von sozialer Verantwortung.*
Aktuell steht die Forderung nach dem *Konto für alle,* also
auch für Sozialhilfeempfänger, im Raum. Hier bietet sich
beispielsweise an, diese sich abzeichnende Entwicklung
über eine weitsichtige Zukunftsplanung vorab zu realisieren und sich auf diese Weise positiv und imagesteigernd
vom Mitbewerb abzuheben. Auf die Forderung des Gesetzgebers reagierten bereits die Sparkassenorganisatio-
nen.[36]

Soziale Verantwortung wahrnehmen heißt in einer Zeit
hoher Arbeitslosigkeit für die Banken, verstärkte Beratung
von in Not geratener Klientel, zum Beispiel, um den privaten Konkurs zu verhindern. Diese Art von Beratung wird
die freundliche Dame am Telefon der Direktbank nicht bieten können.

In diesem Sinn erscheint die gegen den Trend gesetzte
Entscheidung der Badischen Beamtenbank (übrigens das
mitgliederstärkste Genossenschaftsinstitut Europas), aus
Gründen der Kundennähe keine Filiale zu schließen,
durchaus weitsichtig.

Unsere Trendbewertung: Home- und Direktbanking bieten für Kunden und Institute interessante Möglichkeiten
der Kostenersparnis. Als Kunde sollten Sie jedoch eine
Bankverbindung mit persönlichem Kontakt zu Ihrem Berater beibehalten, es sei denn, Sie sind Beamter und unkünd-
bar. Als Bankinstitut sollten Sie sich ernste Gedanken machen, wie Sie auf die Forderung nach verstärkter sozialer
Verantwortung reagieren wollen und wie Sie dies nach
außen tragen.

Sie sehen: Es lohnt sich keineswegs immer, auf einen Trend
aufzuspringen. Führen Sie obige Liste spaßeshalber einmal
selbst anhand von Beispielen aus Ihrem eigenen Lebens-

---

[36] Vgl. Christian Bing/Peter Schmidt in »Banken und Versicherung«,
5/96, Seite 81/82.

und Arbeitsumfeld fort. Prüfen Sie in Ruhe, und stellen Sie Vor- und Nachteile zusammen.

Daß letzteres heute meist nicht mehr möglich ist, wurde in den letzten circa dreißig Jahren verschuldet. Die Führungsgeneration, die nun nachzieht, droht das an uns zu vollstrecken, was wir wider bessere Einsicht vorbereitet haben.

Der Apfel fällt nicht weit vom Stamm

»Unter Bedingungen wie diesen wird auch die Zeit selbst in einzelne Teile aufgebrochen. Ein Unternehmen, das seit über einem Jahrhundert fest im Geschäftsleben verwurzelt ist, kann von einem Übernahme-Spezialisten innerhalb von Wochen zerschlagen werden. Beständigkeit spielt keine Rolle mehr. Beziehungen spielen keine Rolle mehr. Der moderne Finanzier lebt und stirbt in der Transaktion. Jeder Tag ist der erste Tag, das Rad läßt sich unbegrenzt neu erfinden. Kohärenz ist nicht gefragt, da Kohärenz keinen Vorteil bringt.«[37]

Werte schaffen und erhalten durch harte Arbeit zählt nichts mehr. Daß auch *juristische Personen,* Unternehmen, Verantwortung für die Gesellschaft tragen und diese Verantwortung auch in das Handeln der Verantwortlichen einfließen muß, ist endgültig verdrängt. Es hat Platz gemacht einer digitalen Handlungsweise, die einzig gültig sein soll: kaufen oder verkaufen, halten oder abstoßen – Sein oder Nichtsein. Die jungen Analysten und Broker zum Beispiel, die in den Banken und Investmentgesellschaften nachwachsen, sind, wie es leider stark den Anschein hat, in der Mehrheit keinen übergeordneten Werten mehr verbunden.

---

[37] Aus Michael Thomas: The Money Game, 1990, zitiert nach Robert Hughes: Nachrichten aus dem Jammertal.

»Die jungen Investmentprofis, Durchschnittsalter 33, sehen sich als die neue Eliteeinheit der Bankenwelt.«[38] »›Wir handeln die Zukunft‹, sagt Small-Cap-Spezialist Christoph Benner, 27, ›die Vergangenheit interessiert uns nicht.‹«[39] Was Generationen vorher aufgebaut haben, ist heute nichts weiter mehr als ein Renditeobjekt. »Wir nehmen so ein Unternehmen (gemeint ist hier Krupp – d. Verf.) wie ein Fertighaus auseinander«[40], wird Oliver Schnatz, zweiunddreißig Jahre alt, Aktienanalyst bei Morgan Grenfell, zitiert. Und wenn das Unternehmen dann zerlegt ist und die Arbeitnehmer erlegt sind, darf dem Shareholder-Vollzug gemeldet werden. Mit der dieser Generation eigenen unbestimmten Sprache wird Herr Schnatz noch einmal zitiert: »Irgendwo« sei Arbeitslosigkeit für ihn »schon ein Thema«.[41] Irgendwo! Wenn das persönliche Verantwortungsgefühl so optimal ausgeschaltet ist, werden alle negativen Folgen einfach zu »Nebenschäden in zielgesättigtem Gebiet«, wie der Militär sagen würde.

Die jungen Damen, zumeist jedoch Herren, leben zwischen gefährlicher Selbstüberschätzung (siehe den Titel der Geheimstudie zur Thyssen-Übernahme – »Hammer und Thor« –, das hat Wagnersche Ausmaße) und nicht minder gefährlichen Zukunftssichtweisen, die an Professor Honigtau Bunsenbrenner aus der Muppet-Show erinnern, der in seinem Versuchslabor die Zukunft immer schon heute macht.

Sie wurden so erzogen, das alles wurde ihnen vorgelebt. Das schnelle Geld war der einzige Wert, mit dem sie konfrontiert wurden; daß Eigentum auch eine Verpflichtung ist, scheint ihnen unbekannt, und daß Steuern hinterzogen und

---

[38] Aus »DER SPIEGEL«, 12/1997, »Wir handeln die Zukunft«, Seite 104/105.
[39] Ebd.
[40] Ebd.
[41] Ebd.

Kapitalien ins Ausland transferiert gehören, scheint ihnen eine Selbstverständlichkeit. Die Frage, wovon sich unser Gemeinwesen ernähren soll, ist nicht ihre Frage, ebensowenig, wie sie sich je damit beschäftigt haben, warum sie in einer Gesellschaft leben, in der sie noch immer, ohne aus dem Hinterhalt beschossen zu werden, ihren Arbeitsplatz erreichen können.

Leider wird dem Führungsnachwuchs an den Universitäten und Eliteschulen heutzutage zwar beigebracht, wie Zahlen zu analysieren und zu bewerten sind und wie man ein Unternehmen zerlegen kann – nicht aber, wie man ein Unternehmen führt. Selbständigkeit, Mut zum Risiko ist ihre Sache nicht, wenn die schnelle Mark auch unter sicherer Obhut gemacht werden kann.»Was in üblichen Betriebs- und Volkswirtschaftsstudien gelehrt wird, befähigt überwiegend zur Angestelltentätigkeit in Großunternehmen, nicht aber zur erfolgreichen Gründung und Führung selbständiger Unternehmen.«[42]

Im Kern ihrer Seele ist diese Führungscrew – Angestellter! Sie sind nichts weiter als einfache Angestellte, die sich mit dem Habitus des *Revolutionärs* versehen, der antritt, diese Wirtschaftswelt grundlegend zu verändern und erst mal alles zu zerschlagen. Was danach kommt, wissen sie nicht und interessiert sie nicht; Verantwortung zu übernehmen, haben sie nie gelernt, Rechtfertigung ziehen sie aus der pekuniären Anerkennung durch ihre Auftrag- und Arbeitgeber.

Es gibt Beispiele zur Genüge für das, was passiert, wenn *Revolutionäre* die Macht übernehmen. Gebe Gott, daß auch dies nur eine kurze Episode bleibt und diesen *Angestellten* bald die Macht genommen wird.

Nach Feststellung von Michael Thomas sprengen die neuen Helden des Big Business, die Firmenaufkäufer und

---

[42] Aus der Rede von Roman Herzog vom 5. März 1997 in Bonn vor der Arbeitsgemeinschaft Selbständiger Unternehmer.

Junkbond-Händler, die herkömmliche Geschäftsbeziehung zwischen Investor, Mitarbeiter und Kunden. Die einzigen Interessen, die in dieser neuen Atmosphäre des fremdkapitalfinanzierten Aufkaufens und Ausschlachtens etwas zu sagen haben, sind die der Anleger und ihrer Handlanger. Das hat nichts mit Konservatismus zu tun. Es ist eher eine Art Jakobinertum – eine maßlos abstrahierte Form der fiskalischen »Revolution durch den Übernahmevertrag«, in der jede Firma, ganz gleich wie sehr sie überkommenen Geschäftsprinzipien verhaftet ist, unter das Fallbeil der Verschuldung gezwungen wird.[43]

Die Frage, die wir diesen Helden des Big Business täglich stellen müssen, lautet:»Was bedeutet Ihnen eigentlich noch der Zustand des Gemeinwesens, in dem Sie so sorglos leben können?«

Von Bellheim lernen heißt Siegen lernen

Es gab Generationen und es gab Unternehmer, die die Frage der persönlichen Verantwortung noch ernstgenommen haben – und dennoch einen *nachhaltigen* Erfolg begründeten.

E. Merck zum Beispiel (E. steht für Emanuel, 1794 geboren, Gründer des Darmstädter Pharmaherstellers), hat ein Weltunternehmen begründet bei gleichzeitiger Übernahme einer maßstäbesetzenden gesellschaftlichen Verantwortung.

Für die sozialen Belange wurde in seinem Unternehmen im Rahmen verschiedener *Wohlfahrtseinrichtungen* gesorgt; es gab beispielsweise eine Beamten-Pensions-, Witwen- und Waisenkasse, eine Arbeiter-Pensions- und Witwen-

---

[43] Michael Thomas: The Money Game, nach Robert Hughes: Nachrichten aus dem Jammertal.

kasse »ohne jegliche Beitragspflicht«, eine Arbeiter-Unterstützungskasse, die für Erkrankte und deren Angehörige Kosten übernahm, die die Krankenkasse nicht abdeckte, und eine Arbeiter-Vorschußkasse, die nach mindestens einjähriger Betriebszugehörigkeit ohne Bürgschaft zinsfreie Darlehen vergab. Als durch die Bismarcksche Sozialgesetzgebung die gesetzlichen Grundlagen geschaffen waren, wurde eine Betriebskrankenkasse errichtet. Ihr Statut trat, vom Großherzoglichen Kreisamt genehmigt, am 1. Dezember 1884 in Kraft.[44]

Ein weiteres Beispiel sei noch angeführt: die gelebten Unternehmensziele der Herren Abbe, Zeiss und Schott.

Vor mehr als hundert Jahren, am 19. Mai 1889, hatte Ernst Abbe in Jena die Carl-Zeiss-Stiftung ins Leben gerufen. Mit ihr wollte er folgende Ziele erreichen:

• die Geschäftsgrundlage der Unternehmen Zeiss und Schott sichern, die unbeeinflußt von Interessen persönlicher Eigentümer erfolgreich arbeiten sollten;

• den Mitarbeitern ein Höchstmaß an Sicherheit und Geborgenheit bieten sowie

• den beiden Unternehmen auferlegen, sich dauerhaft als nützliche Mitglieder der Gesellschaft zu bewähren, auch durch Förderung wissenschaftlicher und gemeinnütziger Einrichtungen.

Abbe ging dabei davon aus, »daß Stiftungen am wenigsten der Gefahr äußerer Umstände und Umgestaltung, des Wandels menschlicher Sinnesänderungen und Einsichten unterworfen sind«, wie es Hans Freiherr von Aufseß, der Gründer des Germanischen Nationalmuseums in Nürnberg, einmal formuliert hat.

Die Stiftung von Ernst Abbe ist ein ungewöhnliches Einzelbeispiel, das nur unter den damals in Jena gegebenen geistigen, personellen und unternehmerischen Bedin-

---

[44] Informationen aus »Modern aus Tradition«, E. Merck, Darmstadt 1994.

gungen möglich war. Entsprechend dem Stifterwillen sind unternehmerische Unabhängigkeit, zukunftsorientierte wissenschaftliche und technologische Spitzenleistungen, eine auf breitem Grundkonsens beruhende Partnerschaft zwischen Unternehmensleitungen und Mitarbeitern sowie gesellschaftliche Verantwortung seit mehr als einem Jahrhundert die zentralen Elemente der Unternehmenskulturen von Schott und Zeiss.[45]

Dieser *Bellheim,* wie wir in unserem Buch den Unternehmer alten Schlages der Prägnanz halber bezeichnen, hatte also ganz andere Themen, mit denen er sich beschäftigte. Nicht die besten Steueroasen und Steuersparparadiese, nicht die sichersten Kapitalfluchtreservate, auch nicht die hundert besten Methoden, den Staat zu prellen, waren ihm die Beschäftigung wert.

Persönliche und gesellschaftliche Verantwortung und Anerkennung waren die Triebfedern seiner unternehmerischen Mission. Damit wurden Maßstäbe gesetzt, die uns auch heute noch Hinweise auf einen besseren Sozialkonsens geben können.

Wenn solche Beispiele Aufnahme fänden in den Lehrplan an den exklusiven Helden-Gebär-Zentren, den Business Schools in London, Paris oder am Genfer See, würde so mancher Abgänger dazu inspiriert, sein eigenes Tun mit den Anforderungen seines Gemeinwesens abzugleichen. Und viele Jungmanager würden mit Erstaunen verspüren, daß gesellschaftliche Anerkennung mit Geld kaum aufzuwiegen ist.

Er würde auch verstehen, daß sein Platz in der Gesellschaft ist, die ihm in ihren Reihen einen zivilisierten Lebensrahmen bietet. Sein Platz ist nicht »irgendwo« – in diesem Niemandsland, in dem man sich so schön aus der Verantwortung stehlen kann.

---

[45] Nach »Lebendiges Rheinland-Pfalz«, Jahrgang 26, 1989, Seite 3.

Bellheim ist ein Mittelständler

Viel Bestes hat der Mittelstand,

zu ihm möcht ich im Staat gehören

Phokylides in Aristoteles, Politik

»Die selbständigen Unternehmer, der Mittelstand insgesamt, sind das Herzstück unserer sozialen Marktwirtschaft. Daran sollten wir uns gerade im hundertsten Geburtsjahr von Ludwig Erhard, dem Vater der sozialen Marktwirtschaft, wieder erinnern, der das alles ja nicht grundlos erfunden hat. Vier Fünftel aller Ausbildungsplätze und zwei Drittel aller Arbeitsplätze stellen mittelständische Unternehmen bereit. Zwischen 1990 und 1995 sind in kleinen und mittleren Firmen rund eine Million neue Arbeitsplätze entstanden. Ein Sachverhalt, der richtig ist, über den aber niemand spricht.«[46]

»Freiheit und Verantwortung – mehr Mut zur Selbständigkeit« hat Roman Herzog seine deutliche Rede betitelt.

Selbständigkeit, das ist der richtige Umkehrschluß, erzieht zur Übernahme von Verantwortung. Und der Mensch, der Verantwortung übernimmt und mit Verantwortung leben kann, dieser Mensch ist der Freiheit am nächsten. Frei in seiner Zielfindung, frei in der Möglichkeit der Entfaltung der eigenen Kräfte. Wer sich in die Selbständigkeit entläßt, wird, da gibt es kaum etwas zu beschönigen, meist alle Höhen und Tiefen erleiden, die das Wirtschaftsleben dem Unternehmer bereitstellt. Und es wird immer Menschen geben, die diesen Strapazen nicht gewachsen sein werden.

---

[46] Aus der Rede von Roman Herzog am 5. März 1997 in Bonn vor der Arbeitsgemeinschaft Selbständiger Unternehmer.

Die meisten aber werden aus den Erfolgen und Nieder-
lagen als stärkere Persönlichkeiten hervorgehen. Diese
Persönlichkeiten, die Schlachten in eigener Verantwortung
und im Risiko des eigenen Untergangs geschlagen haben
(und nicht als *Angestellte*), braucht unsere Gesellschaft so
dringend wie nichts anderes und mehr als jeden guten Rat-
schlag. Die Rahmenbedingungen dafür zu schaffen ist die
wichtigste Aufgabe der Politiker, »damit wir wieder ausrei-
chenden Spielraum haben, die Wirtschaft atmen, die Bürger
sich freier entfalten können ...«[47]
Am *Modell* des großen Bellheim haben wir sehen können, daß auf Dauer der *im Risiko seines eigenen Untergangs*
Kämpfende dem zynischen, verantwortungslosen Plünde-
rer überlegen sein kann. Der Vergleich mit einer unangenehmen Virusinfektion drängt sich auf: Der Körper ist zwar
geschwächt und eine Zeitlang ins Leiden gezwungen, das
Immunsystem geht aber gestärkt aus diesem Kampf hervor.
Ist die Grippe vorbei, so ist das Immunsystem *updated* gegen einen weiteren Erreger. Ähnlich könnte es mit der In-
fektion durch die angestellten Unternehmensplünderer gehen: Sie kann auch die Selbstheilungskräfte dieser Gesellschaft anstoßen.

Bellheim ist ein Dienstleister

Peter Bellheim, filmisches Vor- und Idealbild eines Men-
schen- und Machertypus, den wir dringend benötigen, bringt
nach seiner Reaktivierung aus dem Ruhestand nicht nur
seinen Kaufhauskonzern wieder auf Kurs. Er rückt auch
zwischenzeitlich verlorengegangene Dienstleistungs-Leit-
bilder wieder zurecht: Orientierung an den *Bedürfnissen der*

---

[47] Ebd.

Kundschaft und der Maxime »Der Kunde ist König«.[48] Maximen, die dem erfolgreichen Kleinunternehmer und späteren Mittelständler in Fleisch und Blut übergingen und die seinen Nachfolgern nur noch Schnee von gestern sind – einer der Gründe, warum das einstmals prosperierende Handelsunternehmen Bellheim in die Schräglage kommt, aus der es die *Rentnerband* um Bellheim wieder herausholt.

Bellheim ist ein Dienstleister, und allein das hebt ihn schon weit über den Durchschnitt der *real existierenden Wirtschaftsstruktur* unserer Republik.

Wir Deutschen sind Weltmeister im Einfordern von Dienstleistung, jedoch ziemliche Versager im Geben derselben. Als »Mentalitätslücke« bezeichnete Bundespräsident Roman Herzog den Zustand der bislang in Deutschland unterentwickelten Dienstleistungskultur.[49] Gleichzeitig brachte er die uns fehlende oder abhanden gekommene »Tugend des Dienens« in Zusammenhang mit dem »individualistischen Wertewandel« in unserer Gesellschaft: »Wer nur an sich denkt, dem fällt naturgemäß die Dienstleistung für andere schwer. Wir sind schon ein merkwürdiges Volk, wenn wir mit Freude Maschinen bedienen, aber jedes Lächeln verlieren, wenn es sich um die Bedienung von Menschen handelt.«

Neben dem Wertewandel gibt es unseres Erachtens noch eine weitere wichtige Erklärung – beileibe keine Entschuldigung –, warum wir uns als Volk so schwer tun mit gerne und freudig erbrachter Dienstleistung.

Zwei Generationen unseres Volkes waren es gewohnt, als Bittsteller bei der Hausbank anzustehen, um an das eigene Geld heranzukommen. Und dies im engbegrenzten

---

[48] Nachzulesen in Verena C. Harksen/Dieter Wedel: Der große Bellheim. Nach dem Fernsehfilm von Dieter Wedel, Frankfurt 1992.

[49] »Wir brauchen einen dynamischen Dienstleistungssektor«, Rede Roman Herzogs anläßlich des Debis-Forums »Die Zukunft der Dienstleistungen« vom 24. Oktober 1996 in Berlin, in: »Bulletin«, Nr. 87, Bonn, 30.10.1996.

Rahmen von Öffnungszeiten, die allein schon feudalistische Selbstherrlichkeit verraten.

Zwei Generationen unseres Volkes haben in endlosen Schlangen an Postschaltern gestanden, haben sich anraunzen und alles über sich ergehen lassen, nur um am Ende eine Briefmarke in Händen halten oder ein Paket absenden zu können.

Zwei Generationen unseres Volkes kennen das Gefühl, nach langem Warten und untertänigstem Bemühen eine Fahrplanauskunft zu bekommen.

Und zwei Generationen unseres Volkes haben Milliarden Stunden Lebens- und Arbeitszeit in gebückter Haltung und mit ehrerbietigem Lächeln (nur keine Beamten vergrätzen) in Ämtern oder beim TÜV verbracht.

Glauben Sie es ruhig: So etwas kann eine Volkspsyche nachhaltig schädigen.

Unsere Vergangenheit hängt uns beim Umbau der Gesellschaft als Klotz schlechter Erinnerungen am Bein. Das ist um so tragischer, als es zu dem anvisierten Umbau von einer Produktions- zu einer Dienstleistungsgesellschaft keine Alternative gibt. Wir reden nicht von einer Möglichkeit – wir sprechen von einem Zwang.

Dabei sind die Statistiken zum Dienstleistungssektor auf den ersten Blick gar nicht so schlecht: Während der Dienstleistungsbereich 1970 fünfundvierzig Prozent zur Bruttowertschöpfung beisteuerte, sind es derzeit bereits fünfundsechzig Prozent. Gleichzeitig erfuhr Deutschland zwischen 1974 und 1994 in diesem Bereich einen Beschäftigungszuwachs von fast fünf Millionen. »Von 1984 bis 1994 entstanden im westdeutschen Servicesektor rund 3,2 Millionen neue Arbeitsplätze, und bei den im Zeitraum von 1976 bis 1992 neugegründeten Unternehmen handelte es sich zu neunzig Prozent um Anbieter entsprechender Service-Leistungen.«[50]

---

[50] »BMBF-Tagung zu Dienstleistungen des 21. Jahrhunderts«, in:»Computerwoche«, Nr. 50, 13. Dezember 1996.

Im internationalen Vergleich hinken wir den anderen jedoch weiterhin kräftig hinterher. 1995 belegte Deutschland im Dienstleistungssektor im Vergleich der führenden Wirtschaftsnationen gerade mal den dreiundzwanzigsten Platz. In dieses Bild paßt, daß es in Deutschland im Dienstleistungsbereich derzeit zwanzig Prozent weniger Beschäftigte gibt als in den USA oder Japan. Unsere diesbezügliche Rückständigkeit zeigt sich auch bei der Betrachtung des internationalen Handels mit Dienstleistungen. Die Lücke im Außenhandel wird immer größer. Nach einer Studie der Deutschen Bank hat sich das Exportdefizit allein bei technologischen Dienstleistungen mittlerweile auf 3,9 Milliarden Mark ausgeweitet – von knapp einer Milliarde Mark im Jahr 1990.

Der Weg Deutschlands in die Dienstleistungsgesellschaft setzt jedoch zuerst einmal einen radikalen Wandel in den Köpfen voraus – und eben die heute lautstark von allen Beteiligten geforderte Dienstleistungskultur.

Damit ist es in deutschen Landen aber noch nicht besonders gut bestellt, wie der japanische Unternehmensberater Minoru Tominaga in einem »SPIEGEL«-Interview mit für Asiaten untypischer Unverblümtheit feststellte: »Es fehlt an Kundenorientierung. Die Deutschen kennen Begriffe wie Kundenzufriedenheit, Kundenbegeisterung überhaupt nicht. Wenn ich in ein Kaufhaus gehe und nach der Toilette frage, dann ist die meistens irgendwo versteckt. In Japan ist das ganz anders: Da sind die Toiletten sehr pompös. Die Leute gehen da hin und kaufen anschließend etwas. So etwas käme den Deutschen nie in den Sinn. Die denken nur an den kurzfristigen Profit. Am meisten aber ärgere ich mich über die Verkäuferinnen in deutschen Geschäften, das sind Warenaufpasserinnen … Wenn ich in Japan einkaufe, sagt die Verkäuferin ›Danke schön‹. In Deutschland muß ich mich bei der Verkäuferin bedanken, weil sie mich bedient hat.«[51]

---

[51] »Wir kämpfen jeden Tag«, Interview mit Minoru Tominaga in »DER SPIEGEL«, Nr. 51/1995.

»Dienstleistung kommt von Dienen« heißt es, doch haben Sie schon mal einen Dienstleister kennengelernt, der das Wörtchen *Dienen* zur Beschreibung seiner selbst in seinem Vokabular führte? Doch – in einem Schaufenster eines Bestattungsunternehmens in Wiesbaden sind die Autoren fündig geworden. Da drängt sich die Vermutung auf, daß wir uns wohl nur noch im Angesicht des Todes zu einer solchen vermeintlichen Erniedrigung herablassen können.

Es ist nicht so, daß wir Deutschen keine Dienstleistung erbringen würden. Nicht nur im gewerblichen, auch im ehrenamtlichen Bereich wird ja einiges geleistet, worauf Roman Herzog in seiner Rede zu Recht hingewiesen hat: »Ein großer Teil der in Deutschland erbrachten Dienstleistungen läuft bisher nicht über den Markt und auch nicht über die Statistiken. Sie entstehen unentgeltlich in den Haushalten, den Nachbarschaften, den Vereinen, im Ehrenamt und in der Sozialtätigkeit – nicht zuletzt ein immenser Beitrag von Frauen.«[52]

Die bloße Quantität ist eben nicht das Hauptproblem. Die Qualität der Dienstleistung, die Art, wie sie erbracht wird, ist das spezifisch deutsche Problem.

Roman Herzog ist einer der wenigen, der schonungslos ins Zentrum unserer Defizite vorstößt. Ansonsten sind zu dem Thema mehr oder weniger Allgemeinplätze zu vernehmen und die üblichen Appelle und *Statements*. Das hat alles die Klasse der berühmten Telekom-Maßnahme: Alle **Antrags**formulare wurden in **Auftrags**formulare umbenannt – und damit das Dienstleistungszeitalter eingeläutet.

Auch Bundeswirtschaftsminister Rexrodt, der als prominenter Fürsprecher einer dienstleistungsorientierten BRD gilt und dem immerhin das Verdienst gebührt, mit den

---

[52] »Wir brauchen einen dynamischen Dienstleistungssektor«, Rede Roman Herzogs anläßlich des Debis-Forums, s. o.

geänderten Ladenschlußzeiten zumindest einen kleinen Schritt in die bessere Richtung getan zu haben, auch Herr Rexrodt verbleibt in seiner Rhetorik in den Worthülsen: die Dienstleistungslücke als »unausgeschöpftes Potential« für »unternehmerisches Engagement, für wirtschaftliches Wachstum und damit auch für neue Arbeitsplätze«.[53] Ebenso steht es mit seiner Forderung nach »nachhaltiger Änderung unserer Einstellung zu Dienstleistungen« und zur »Schaffung wirtschaftlicher Rahmenbedingungen für unseren Weg in die Dienstleistungsgesellschaft«: Alles schon tausendmal gesagt, alles unverbindlich. Rahmenbedingungen zum Beispiel müssen exakt benannt und als verbindliches, politisches Ziel festgeschrieben werden.

Zu den *Rahmenbedingungen* gehört beispielsweise auch eine zentrale Dienstleistungsstatistik als Voraussetzung für eine empirische Bestandsaufnahme und als Basis einer soliden Zukunftsplanung und -entwicklung. Solch eine Statistik ist beim Statistischen Bundesamt zwar bereits seit einiger Zeit angedacht, bislang jedoch aus Kosten- und rechtlichen Gründen (Mitteilungspflicht der Unternehmen – ja/nein?) nicht über die Planungsphase hinausgelangt.

Hier besteht Handlungsbedarf und müssen den vollmundigen Worten Taten folgen. Aber nicht nur die Politiker, wir alle sind angehalten, Fakten zu schaffen. Unser bisheriges Selbstverständnis ist überholt und überholungsbedürftig: Was dereinst ausreichte – die besten Waren herzustellen und die besten Maschinen zu bauen (der *Made-in-Germany*-Bonus als Garant für Profitabilität) –, ist heute nicht mehr genug. Heute kommt als zusätzliche Bedingung hinzu, daß man auch bestens die Kunden be*dient*. Darauf müssen sich deutsche Unternehmen erst umstellen.

---

[53] Rede des Bundesministers für Wirtschaft, Dr. Günter Rexrodt, anläßlich des Festaktes zum fünfundzwanzigjährigen Jubiläum von McDonald's Deutschland am 8. November 1996 in München.

Wir alle sind für diesen Prozeß verantwortlich, und wir können ihn wirklich beeinflussen. Es geht nicht nur darum, Dienstleistung überall zu fordern, es geht darum, Dienstleistung auch zu unterstützen. Unterstützen Sie aktiv alle diejenigen Geschäftsleute, die Überdurchschnittliches leisten – auch wenn der Weg dorthin ein wenig länger und unbequemer ist! Denken Sie daran: Sie haben mehr in der Hand, als Sie wahrhaben wollen. Und wenn wir es nicht schaffen, lag es ganz sicher auch an Ihnen.

Wenn sich unser Verhältnis zu gelebter Dienstleistung (als Gebender wie als Nehmender) wirklich *nachhaltig* verändern wird, dann wird dies auch mit einer neuen Einstellung zur Selbständigkeit zusammenhängen. *Selbständigkeit* wird in der Arbeitswelt der Zukunft wesentlich verbreiteter sein. Kurz und knapp hat es die Zeitschrift »Wired« in einer In-und-Out-Liste auf den Punkt gebracht: *Out* ist Karriere, *in* sind Multiple Income Sources (diverse Einkommensquellen).

Das in der Selbständigkeit geforderte Engagement, die Übernahme von Verantwortung und der notwendige Einsatzwille werden der Volkspsyche den notwendigen Ruck in Richtung Dienstleistungsgesellschaft geben. So schreiben Josef Brauner und Roland Bickmann: »Heute werden noch die Unternehmen für die Arbeitsplätze und ihre Sicherheit verantwortlich gemacht. Die Verantwortung für das eigene Einkommen wird jedoch in Zukunft sehr viel mehr in den Händen eines jeden einzelnen liegen. Sich ändernde Märkte und die daraus resultierenden notwendigen Anpassungsmaßnahmen verlangen frühzeitige Reaktionen. Dies setzt eine Mentalität bei allen Beteiligten voraus, die sie in Sorge und Verantwortung für sich und das Unternehmen handeln läßt.«[54]

---

[54] Josef Brauner/Roland Bickmann: Cyber Society. Das Realszenario der Informationsgesellschaft: Die Kommunikationsgesellschaft, a.a.O.

Ich glaube nicht, daß es eine Eigenschaft gibt,
die so wesentlich für jede Art ist wie Beharrlichkeit.
Sie überwindet nahezu alles, selbst die Natur.

John D. Rockefeller

Bellheim ist ein Optimist

Keine Angst – wir werden Sie in diesem Abschnitt nicht mit abgedroschenen Vorschlägen wie »Denk positiv« behelligen. Diese Art Ratschläge kann man am besten mit einem Teebeutel vergleichen, der bereits zwölf Aufgüsse hinter sich hat – das arme Ding gibt einfach nichts mehr her.

»Denk positiv« ist schon viel zu oft gesagt worden, es verhallt, wie so ziemlich alle Appelle, nutzlos.

Wir dagegen möchten Ihnen etwas wesentlich Schwierigeres zumuten: *Handle positiv!*

Im Gegensatz zu dem, was Sie täglich hören und vielleicht auch selbst denken und sagen, haben wir alle, haben auch Sie es in der Hand, uns aus der Sackgasse herauszuführen. Zwingen Sie die Gesellschaft durch Ihr Handeln in die richtige Richtung.

Sie beklagen die mangelnde Dienstleistungsmentalität der Deutschen? Dann hören Sie auf, darüber zu jammern, **handeln Sie!** Kaufen Sie bei dem Bäcker, der auch sonntags frische Brötchen anbietet. Gehen Sie hin, auch wenn es aufwendig ist – bestätigen Sie ihn. Bald wird er sogar noch jemanden zusätzlich einstellen; und es könnte genau der von ihnen gewünschte Teilzeitarbeitsplatz sein.

Kaufen Sie bevorzugt in dem Geschäft, daß die kundenfreundlichsten Öffnungszeiten bietet. Diese Menschen leisten etwas, und Sie sollten zielgerichtet genau das unterstützen. Reden Sie nicht darüber, **sondern tun Sie es wirklich**. Tun Sie es so oft wie möglich.

Franklin D. Roosevelt, seiner Fähigkeiten wegen auch der *große Houdini*[55] genannt, erhielt nach einer seiner legendären Reden in der Zeit der Wirtschaftsdepression in Amerika die praktizierte Zustimmung eines Unternehmers. Der Mann gab nach der Rede folgende Aufforderung an seine Angestellten:

»Tut etwas. Kauft etwas, egal was und wo; streicht eure Küche neu, gebt ein Telegramm auf, schmeißt eine Party, kauft ein Auto, zahlt eine Rechnung, mietet eine Wohnung, repariert das Dach, geht zum Friseur oder ins Kino oder auf Reisen, singt ein Lied, heiratet. Es ist egal was ihr macht – nur: setzt euch in Trab und haltet euch ran. *Diese alte Welt setzt sich nämlich wieder in Bewegung.*«[56]

Exakt dazu fordern wir auch Sie auf. Tun Sie etwas. Kaufen Sie etwas. Fordern Sie Dienstleistung ein. Statt zu lamentieren, boykottieren Sie zukünftig Geschäfte und Einzelhändler, die die Zeichen der Zeit noch nicht erkannt haben. Belohnen Sie umgekehrt all diejenigen, die Mühe und Aufwand nicht scheuen. Seien Sie großzügig auch in der finanziellen Belohnung von Dienstleistung. Denken Sie daran, daß durch Ihr aktives Tun Arbeitsplätze geschaffen werden. Es könnte auch Ihrer sein.

Es liegt tatsächlich auch an Ihrem Verhalten, wohin sich unsere Gesellschaft verändern wird, und es gibt keine akzeptablen Entschuldigungsgründe dafür, sich dieser Verantwortung zu entziehen.

---

[55] Hatty Houdini, weltberühmter ungarischer Entfesselungskünstler.
[56] William Leuchtenburg: Franklin Roosevelt and the new Deal, New York 1963; zitiert nach Gert Raeithel: Geschichte der nordamerikanischen Kultur.

Bellheim ist in reifem Alter

Daß unsere Gesellschaft augenblicklich den Wahn der Jugendlichkeit auslebt, wird sich wieder ändern. Erfahrung hatte zu allen Zeiten einen Überlebenswert für die Spezies Mensch. Im Moment scheint es anders zu sein – das ist ein Krankheitszeichen unserer Gesellschaft. Wir sind auch hier optimistisch, daß eine Heilung bevorsteht.

Bellheim hat eindrucksvoll gezeigt, was kumulierte, gelebte Erfahrung, Tricks und Kniffe aus einem langjährigen Kampf wert sind. Erfahrung wird ihre alte Wertstellung bald wieder zurückerhalten – doch auch diesen Erfolg werden wir nur gemeinsam durch *verändertes Tun* erringen. Die ungeheure Stärke von Erfahrung wird nämlich immer benötigt, wenn es um Aufbau und Erhalt geht – für bloßes Zerstören und Plündern ist sie kaum von Bedeutung.

Und falls Sie bisher geglaubt haben, »Man ist so alt, wie man sich fühlt« sei nur ein dummer Spruch, dann lassen Sie sich von Albert Schweitzer eines Besseren belehren. Er hat ein Gedicht hinterlassen, dessen Auszüge Sie sich als tägliche Mahnung über den Schreibtisch heften dürfen:

Jugend ist nicht ein Lebensabschnitt
sie ist ein Geisteszustand.
Sie ist Schwung des Willens,
Regsamkeit der Phantasie,
Stärke der Gefühle,
Sieg des Mutes über die Feigheit,
Triumph der Abenteuerlust über die Trägheit.
Man wird nur alt,
wenn man seinen Idealen Lebewohl sagt.
…
Du bist so jung wie deine Zuversicht,
so alt wie deine Zweifel,
so jung wie deine Hoffnung,
so alt wie deine Verzagtheit.

Bellheim und das Prinzip Verantwortung

Am Ende dieses Kapitels wollen wir noch einmal auf das Prinzip der Verantwortung zurückkommen.

Jeder Mensch steht, allein weil er Teil einer Gemeinschaft ist, in einer besonderen Verantwortung gegenüber dieser Gemeinschaft – der Familie, dem Arbeitsumfeld, dem Staat oder seinem Sportverein. Im Zusammenhang unseres Buches und unseres Anliegens interessiert uns vor allem die besondere Verantwortung der Führungselite (in Politik, Wirtschaft oder auch aus dem ehrenamtlichen Umfeld) gegenüber der ihr anvertrauten Gemeinschaft.

Tatsache ist, und wir haben es auch an vielen Beispielen gezeigt, daß es mit diesem Gefühl der Verantwortlichkeit nicht mehr weit her ist – nicht erst seit dem Diktat des Shareholder-value. Menschliche Gemeinschaft im allgemeinen und betriebliche Gemeinschaft im besonderen können auf lange Sicht nur nach dem Prinzip der gesamtschuldnerischen Haftung funktionieren: Alle für einen, einer für alle.

»Namentlich in Zeiten gemeinsamer Not und Gefahr, wo es gilt: einer für alle und alle für einen, offenbart sich (die) Solidarität und Gesinnung in ihrer vollen Schönheit und Kraft. Um so stärker wird sie sein, je enger die Gemeinschaftsbande sind, d. h. je enger das Wohl und Wehe der einzelnen und der Gemeinschaft miteinander verknüpft sind und als miteinander verknüpft erlebt werden.«[57]

Wenn jedoch die Führungselite korrumpiert ist, wenn Geld und Macht als wichtigste Werte im Vordergrund stehen, dann ist Schluß mit dem hehren »Einer für alle ...« Oder mit den Worten eines alten lateinischen Sprichwortes: »Corruptio optimi pessima« – die Korruption des Besten ist die schlimmste Korruption.

---

[57] O. v. Nell-Breuning: Baugesetze der Gesellschaft, Freiburg 1990.

Auch die Führungselite haftet letztlich als Gesamtschuldner, wenngleich dies aufgrund langer Zeiträume
oft nicht sichtbar wird. Auch der reiche Teil unserer
Gesellschaft haftet wie der arme als Gesamtschuldner.
Wenn immer mehr Menschen ohne Arbeit und immer
mehr Jugendliche ohne Perspektive sind, wenn die Außen-
gebiete der großen Metropolen sich in riesige Slums verwandeln (wie in Paris bereits geschehen), wenn die Kriminalität unkontrollierbar wird – dann wird die Lebensqualität auch für die Führungselite schlecht bis unerträglich. Auch die bisherigen Refugien derer, die sich den Aus-
stieg leisten können, werden von dieser Welle langsam eingeholt.

Wer die Entscheidungsgewalt hat, muß in der Pflicht stehen, Entscheidungen unter dem Gesichtspunkt aller Auswirkungen zu prüfen. Eine anstehende Massenentlassung,
eine Betriebs- oder Abteilungsschließung hat über den
ersten Kosteneinsparungseffekt hinaus noch eine andere
Tragweite. Nämlich für den (Stand-)Ort, an dem der Betrieb ansässig ist und der künftig vielleicht nicht einmal
mehr die öffentliche Bibliothek finanzieren kann oder die
Jugendhilfe einstellen muß. Für die Sozialversicherung, der
die Einnahmen fehlen und die gleichzeitig mit neuen Ausgaben belastet wird. Für das Rentensicherungssystem. Für
die staatliche Fürsorge. Die Wirkungskette mag jeder für
sich und an den jeweils konkreten Beispielen weiter-
führen.

Trotz allem werden solche Entscheidungen, allemal
in den großen und größten Unternehmen, sehr häufig
gefällt auf Basis von *Managementvorlagen,* Auswertungen, Charts und Overheadfolien, die unter dem Summen-
strich das Todesurteil *unwirtschaftlich* aussprechen. Selten
genug haben alle Beteiligten, nicht nur die Unternehmensführung, genug Verantwortungsgefühl, Sensibilität
und Geduld, andere Modelle auf ihre Stichhaltigkeit zu
prüfen und damit die »Gemeinverstrickung ernst zu

nehmen und demgemäß (ihrer) Gemeinhaftung nachzu-
kommen«.[58]

Eine der Ursachen des individuellen Sich-aus-der-Ver-
antwortung-Stehlens ist unsere Unersättlichkeit. Was die
Trendforscher gerne und beschönigend mit Hedonismus
umschreiben, wäre richtiger mit dem alten griechischen
Wort **Ple|on|exie,** die, – (Habsucht, Geltungssucht) be-
nannt. Wir wollen immer mehr und immer mehr. Nur eines
wollen wir nicht: abgeben. Deshalb werden alle noch so
schönen Appelle nach Umverteilung von Hab und Gut, von
Arbeit und Geld sinnlos bleiben. Wenn, ja wenn das alles
nicht endlich von oben vorgelebt wird.

Einer der interessantesten Denkansätze für eine neue
Tugend und Moral ist sicher die Idee des Kommunitarismus
– wir werden die Grundzüge dieser neuen Denkrichtung im
nächsten Kapitel beleuchten. Man beachte aber, daß auch
der Kommunitarismus kein Rezept sein kann. Falls eine solche Haltung erfolgreich ist, dann wird sie es nur sein, wenn
jeder einzelne sie auf seine ganz persönliche Art lebt.

Wem dies im Augenblick zu theoretisch erscheint, der
mag das folgende Kapitel fürs erste überblättern und in einem ruhigen Augenblick darauf zurückkommen. Wir geben
ihm zwei Sätze von William A. Cohen, einem amerikanischen Unternehmensberater, als Extrakt mit auf den Weg
ins übernächste Kapitel. Cohens Prinzipien lauten:

»**Pflicht.** Was immer Ihre Tätigkeit ist, Sie haben eine
Verpflichtung der Gesellschaft gegenüber, deren Mitglied
Sie sind.

Und:

Führung. Eine Führungspersönlichkeit übernimmt Verantwortung. Dies bedeutet, daß das Wohlergehen derer, die
von Ihnen geführt werden, stets vor Ihrem eigenen Wohl
stehen muß.«[59]

---

[58] Ebd., Seite 52.
[59] William A. Cohen: Die Kunst zu führen, Landsberg am Lech 1990.

Es wird ein großes und spannendes Wagnis, unsere Gesellschaft in diese Richtung umzubauen, und jeder ist willkommen, der diese Verantwortung mittragen will. Wie wir im letzten Kapitel sehen werden, gibt es auch schon einige bemerkenswerte Ansätze in diese Richtung von Menschen, die schon heute etwas wagen, damit es uns nicht ergeht wie der alten Jungfer mit dem Kinderkriegen. Die ist nämlich aus lauter Angst vor der Sünde zeitlebens kinderlos geblieben.

KAPITEL 4

Gegen Ignoranz und Egoismus die Gemeinschaft suchen

Werte gegen Ellenbogen

Kaum eine politische Idee hat in den letzten Jahren quer durch alle Parteien eine solche Zustimmung erfahren wie der Kommunitarismus. Dieser zeigt in seiner am amerikanischen Gesellschaftsmodell entwickelten Ausprägung – beabsichtigt oder unbeabsichtigt – Parallelen zu Gedanken, wie sie in der päpstlichen Enzyklika »Quadragesimo anno« von 1931 entwickelt worden waren. Darin wurde von katholischer Seite die Durchsetzung des Subsidiaritätsprinzips gefordert. Kommunitarismus und Subsidiarität erwarten Hilfe für die Gemeinschaft durch die Gemeinschaft anstelle der Abwälzung dieser Aufgaben auf den Staat. Kinder- und Altenbetreuung, Krankenpflege, Armen- und Nachbarschaftshilfe sind Bereiche, in denen nach Ansicht der Kommunitaristen ein großes Potential für die Entwicklung von Bürgertugenden, Zivilcourage und persönlichem Verantwortungsbewußtsein steckt.

Einer der namhaftesten Vertreter des Kommunitarismus ist sicher Amitai Etzioni mit seinen Büchern »Jenseits des Egoismus-Prinzips« und »Die Entdeckung des Gemeinwesens« – letzteres ein Titel, der durchaus als politische und wirtschaftliche Leitlinie taugt. Im letztgenannten Buch hat Etzioni die Idee des Kommunitarismus ausformuliert. Darin fordert er die Entstehung von Gemeinschaften, »die Vielfalt mit Einheit verbinden«, neue Gemeinschaften, »in denen die Menschen Wahlmöglichkeiten haben, die genug Raum für divergente Subgemeinschaften bieten und doch gemeinsame Bande aufrechterhalten.«[1]

Der Kommunitarismus soll uns im folgenden im Hinblick darauf interessieren, ob er uns Deutschen das geistig-soziale Fundament bieten kann, auf dem wir in Wirtschaft und Politik den Manager vom Schlage eines Bellheim auferstehen lassen können. Einige Schlagworte des Kommunitarismus wie Bürgertugenden, Zivilcourage, persönliches Verantwortungsbewußtsein wurden bereits genannt. Sie lassen eine geistige Nähe zu den in den vorherigen Kapiteln beschriebenen Tugenden erkennen, die wir als unbedingte Voraussetzung für die Entstehung des *Bellheim*-Modells sehen, für die Wende in den Unternehmen und in der Gesellschaft insgesamt, deren Wohlergehen sich die Unternehmen und Organisationen durch ihren Beitrag und die von ihren *Bellheims* vorgegebene und vorgelebte Richtung wieder zum wichtigen Anliegen machen.

Von daher können und wollen wir in die *Hauptdiskussionsrunde* im Kommunitarismus-Umfeld – die Kontroverse Kommunitarismus versus Individualismus – nicht einsteigen.[2] Wir wollen jedoch in knapper Form die

---

[1] Amitai Etzioni: Die Entdeckung des Gemeinwesens. Ansprüche, Verantwortlichkeiten und das Programm des Kommunitarismus, Stuttgart 1995.

[2] Einen Überblick über die Diskussion *Kommunitarismus versus Individualismus* bieten die Beiträge in dem von Christel Zahlmann herausgegebenen Buch Kommunitarismus in der Diskussion. Eine streitbare Einführung, ohne Ort 1992. Dort besonders auch der Beitrag von Axel Honneth: »Individualisierung und Gemeinschaft«.

Herkunft, Entwicklung und wichtigsten Positionen des Kommunitarismus beleuchten, um von dort den Bogen zu geistigen Strömungen im Vor- und Nachkriegsdeutschland zu spannen, die nach unserem Dafürhalten interessante und überdenkenswerte Parallelen zu den Gedanken des Kommunitarismus enthalten.

Von den Reaganomics zum Gemeinschaftsgefühl

1989 schlossen sich an der Harvard-Universität in Massachusetts Ökonomen, Soziologen, Psychologen und Politologen zu einer Vereinigung namens Society for the Advancement of Socio-Economics (Sase) zusammen. Nur wenige Jahre später zählte diese Gruppe bereits über tausend Mitglieder. Ihr Programm bestand darin, die Gemeinschaft (»community«) neu zu entdecken. Davon leitete sich auch ihr Name ab:»Communitarians« – Kommunitaristen.

Dabei ist *Kommunitarismus* eher ein Sammelbegriff, unter dem so unterschiedliche Autoren wie Robert N. Bellah, Amitai Etzioni, Alasdair MacIntyre, Richard Rorty, Michael Sandel, Charles Taylor oder Michael Walzer als prominente Vertreter zusammengefaßt werden.

Daß der Kommunitarismus in den USA seinen Anfang nahm, ist kein Zufall.»Gerade in den USA wurden die Erosionserscheinungen des Kapitalismus aufgrund einer in der Reagan-Ära forcierten neoliberalen Wirtschaftspolitik, der schon immer schwach ausgeprägten wohlfahrtsstaatlichen Sicherungssysteme und einer traditionell stärkeren ideologischen Ausrichtung auf das Individuum früher sichtbar als auf dem alten Kontinent.«[3]

---

[3] Günter Rieger:»Wieviel Gemeinsinn braucht die Demokratie? Zur Diskussion um den Kommunitarismus«, in:»Zeitschrift für Politik« (ZfP), 40, 1993.

Es waren die Nachwirkungen der *Reaganomics* und des *Thatcherismus,* die das Verlangen nach einer Neuorientierung der moralischen Grundlagen moderner Industriegesellschaften aufkommen ließen. Was so Anfang der achtziger Jahre begann und am 18. November 1991 vom Gründerkreis um Amitai Etzioni, Mary Ann Glendon und William Galston erstmals der amerikanischen Öffentlichkeit vorgestellt wurde, wird seit Beginn der neunziger Jahre auch im deutschsprachigen Raum angeregt rezipiert und diskutiert. Über die fachwissenschaftliche Diskussion hinaus fand das Konzept des Kommunitarismus Eingang in die allgemeine Publizistik. So etwa in die »Frankfurter Rundschau«, die bereits zwischen dem 5. November 1991 und dem 10. März 1992 unter der Überschrift »Individualisierung und Gemeinschaft« eine Artikelserie zum Thema veröffentlichte.[4]

Der Import aus Nordamerika traf in der Bundesrepublik und in den anderen westeuropäischen Ländern auf eine Befindlichkeit, die für das neue Konzept empfänglich war. Die beunruhigenden Tendenzen dahinter: eine nicht nur von Soziologen registrierte Krisenanfälligkeit infolge wachsender Individualisierung[5], der Verlust des Vertrauens in die Politik, das Verkommen der sozialen Sicherungssysteme zu Selbstbedienungsläden und ein ausgeprägtes Ellenbogen-Denken, das die Angst vor einer »Tyrannei des Marktes« schürte.

Seitdem werden auf dem Kontinent immer wieder Politiker unterschiedlicher Färbung und Nationalität mit kommunitaristischem Gedankengut in Verbindung gebracht.

---

4 Veröffentlicht in dem von Christel Zahlmann herausgegebenen Sammelband »Kommunitarismus in der Diskussion«.
5 John Naisbitt und Patricia Aburdene charakterisierten den »Triumph des Individuums« als einen von zehn Megatrends in ihrem Buch: Megatrends 2000. Zehn Perspektiven für den Weg ins nächste Jahrtausend, Düsseldorf 1990.

Hier spannt sich beispielsweise der Bogen von Kurt Biedenkopf und Joschka Fischer über Tony Blair bis zu Jacques Delors, nachdem man in den USA schon vorher Bill Clinton und seinen Vize Al Gore ebenso wie die Republikaner Lamar Alexander und Jack Kemp mit ausgeprägten kommunitaristischen Neigungen in Verbindung brachte.

Die Kommunitaristen versuchen Antworten auf Fragen zu finden, die die Politiker und Gesellschaftswissenschaftler seit einiger Zeit beunruhigen – Fragen wie: Was außer Wirtschaftswachstum hält die moderne Gesellschaft heute angesichts ihrer Tendenz zum radikalen Individualismus und zu Gruppenegoismen noch zusammen? Eine der wesentlichen Antworten der Kommunitaristen darauf ist das Eintreten für eine *zivile Gesellschaft,* die durch Programmpunkte wie Gemeinsinn, Verantwortlichkeit und Fürsorglichkeit wieder verbindliche soziale Wertmaßstäbe schafft.

Verwirklicht werden soll diese zivile Gesellschaft durch Stärkung von Einrichtungen wie beispielsweise Familie und Schulen. Zudem werden die Gemeinwesen und politischen Gemeinschaften stärker in die Pflicht genommen. Dahinter steht als Vorstellung ein einigendes soziales Band, geknüpft aus Bürgersinn und ausgestaltet durch kleine Herkunftsgemeinschaften. Indem der einzelne in diesen kleinen Herkunftsgemeinschaften in einen gemeinsamen Wertehorizont eingebunden ist, wird er durch sein Gefühl der Zugehörigkeit angehalten, sich an diesen moralischen, religiösen und kulturellen Werten zu orientieren.

Zentrale Bedeutung kommt innerhalb des Kommunitarismus dem Prinzip der Subsidiarität zu. Der Staat soll nur einspringen, wenn andere soziale Systeme versagen, diese jedoch nicht ersetzen. Umgekehrt sollen sich schwache Gemeinschaften, die ihren sozialen Aufgaben aus eigener Kraft nicht nachkommen können, auf bessergestellte verlassen können.

Gegen das »wüst, wild Wesen in der Welt« – Etzionis (Wieder-)Entdeckung des Gemeinwesens

Subsidiär ist auch das kommunitaristische Modell aufgebaut, das Amitai Etzioni in »Die Entdeckung des Gemeinwesens« entwickelte.[6] Der Sozialkitt, der heutigen Gesellschaften zunehmend abhanden kommt, soll durch Gemeinschaften neu gebildet werden. Gemeinschaften sind für ihn »soziale Netze von Menschen, die einander persönlich kennen – und zugleich moralische Instanzen. Sie nutzen interpersonelle Bande, um ihre Mitglieder zur Beachtung gemeinsamer Werte und Normen (›Wirf deinen Müll nicht zum Fenster raus!‹, ›Denk an spielende Kinder, fahr vorsichtig!‹) zu erziehen.«[7]

Joachim Güntner charakterisiert die Gemeinschaft, wie sie Etzioni insbesondere und der Kommunitarismus allgemein versteht, als »eine Wertegemeinschaft, verbunden durch eine starke Übereinstimmung in der Frage, was das Gute, und nicht nur, was das Rechte sei. Man bedenke das Versprechen des lateinischen Wörtchens *communis,* all die Sinnverbindungen, die sich daran knüpfen lassen: Gemeinde, Gemeinsinn, Gemeinwohl, Gemeinschaftlichkeit. Lauter Gegengifte gegen Eigennutz, Vereinzelung, Unbehaustheit; zumindest Bindemittel in der zerrissenen Welt des Sozialen.«[8]

Die so verstandene Gemeinschaft übernimmt Kontroll- und Regulierungsfunktionen auf einer Ebene, die dem Staat und der Gesellschaft vorgeschaltet ist. Sie soll neue Wertbindungen und Verantwortlichkeiten schaffen, die in der modernen Gesellschaft verlorengegangen sind: »Hier im Westen müssen wir ein Gefühl persönlicher und sozialer

---

[6] Amitai Etzioni: Die Entdeckung des Gemeinwesens.
[7] Ebd.
[8] »Der Ruf nach Sozialkitt«, in: »Deutsches Allgemeines Sonntagsblatt« vom 7. Januar 1994.

Verantwortung neu entwickeln, ein Bewußtsein dafür wecken, daß wir neben Rechten auch Pflichten haben und daß unser persönliches Wohl untrennbar mit dem der Gemeinschaft verbunden ist.«[9] Ausgangspunkt dieses Sozialmodells ist das Prinzip der Selbsthilfe: Zunächst einmal ist jeder für sein Tun selbst verantwortlich. Gerät er in Situationen, die er aus eigener Kraft nicht mehr bewältigen kann, so ist seine nächste Umgebung, also seine Familie oder die lokale Gemeinschaft, verpflichtet, ihn zu unterstützen. Erst wenn auch diese Hilfe unzureichend ist, wird die Gesellschaft helfend tätig. Die Familie bildet den Kern. Ihre Aufgabe bei Etzioni erinnert an die ihr von Martin Luther zuerteilte Funktion: Damals wie heute soll sie »das wüst, wild Wesen in der Welt« zurückdrängen.[10] Um diesen Kern legen sich wie bei einer Zwiebel die verschiedenen Schalen. Sie gruppieren die Menschen in *Gemeinschaften* – von Nachbarschaften, Freundschaften über Betriebe, Schulen, Vereine, Kirchengemeinden usw. bis hin zum Staat als letzter, äußerer Schale. Dieser hätte in der Tat, wie Sibylle Tönnies ausführt, sehr viel zu tun, »wenn nicht die enger um das Individuum herumliegenden Schichten bereits Strukturen bildeten, die die Gesellschaft zusammenhalten«.

Oder wie Etzioni es ausdrückt:»Die Gesellschaft ... sollte die moralische Erwartung stärken, die besagt, daß jede lokale Gemeinschaft für ihr Wohlergehen erst einmal selbst verantwortlich ist. Diese Regel befolgen wir ja schon, wenn es brennt. Dann alarmieren wir zuerst die örtliche Feuerwehr; und nur wenn sie das Feuer nicht unter Kontrolle bringt, rufen wir die Feuerwehren anderer Gemeinden zu

---

[9] Amitai Etzioni: Die Entdeckung des Gemeinwesens.
[10] Siehe Sibylle Tönnies:»Kommunitarismus – diesseits und jenseits des Ozeans«, in:»Aus Politik und Zeitgeschichte«, Beilage zur Wochenzeitung»Das Parlament«, B 36/96, 30. August 1996; dort auch das vollständige Zitat Martin Luthers.

Hilfe. Dasselbe gilt für viele andere Probleme, wie Müll-
notstand, Kriminalität, Drogenmißbrauch und derlei mehr:
Die soziale Verantwortung für deren Lösung liegt in erster
Linie bei den Mitgliedern der jeweiligen Gemeinschaft.«[11]
Aber auch die Gesellschaft hat bei Etzioni eine moralische Verpflichtung, die über die vertraglich geregelte Hilfe-
stellung im Rahmen der Subsidiarität hinausgeht. Sein Verständnis der Gesellschaft greift somit über die gängige Un-
terscheidung in der Tradition des deutschen Sozialwissen-
schaftlers Ferdinand Tönnies[12] hinaus, wo Gesellschaft ge-
meinhin als Gruppe von Menschen gesehen wird, die nur
wenig verbindet.
Bei Etzioni ist die Gesellschaft eine »Gemeinschaft der
Gemeinschaften«. Folglich besteht zwischen Gemeinschaften und der Gesellschaft das gleiche Verhältnis gegenseitiger Verantwortlichkeit wie zwischen Einzelpersonen und
der Gemeinschaft – oder wie Etzioni es formuliert: »...
auch die Gesellschaften (also die Gemeinschaften der Gemeinschaften) müssen jenen Gemeinschaften beispringen,
die ihren Mitgliedern nicht ausreichend helfen können ...
Soziale Gerechtigkeit ist eine interkommunitäre, nicht nur
eine intrakommunitäre Angelegenheit.«[13]
Aber auch Etzioni ist klar, daß angesichts heutiger Gege-
benheiten die Gesellschaft den Familien und Gemeinschaften allzu häufig beispringen muß, weil diese in der US-amerikanischen Realität und der westlicher Industrienationen
generell die nötigen Unterstützungsleistungen gewöhnlich
nicht mehr erbringen können. Deshalb die logische Forderung, daß Familie und Gemeinschaft gestärkt werden müssen, um ihren Aufgaben wieder nachkommen zu können.
»Nur in dem Maße, in dem diese (Stärkung – d. Verf.) gelingt, ist es möglich, ihnen soziale Verantwortung zu über-

---

[11] Amitai Etzioni: Die Entdeckung des Gemeinwesens.
[12] Ferdinand Tönnies: Gemeinschaft und Gesellschaft, 1887.
[13] Amitai Etzioni: Die Entdeckung des Gemeinwesens.

tragen und damit von der unpersönlichen, ineffizienten und in vielen Ländern auch nicht mehr finanzierbaren Form der heute praktizierten Sozialpolitik wegzukommen.«[14] Halten wir fest: In der Deutung, die auch den Kommunitarismus Etzionischer Prägung kennzeichnet, schwingt ein Verständnis mit, dem als fundamentales Prinzip ein Austarieren zwischen der Gesellschaft (dem Allgemeininteresse), der Gemeinschaft (einem Subset derselben) und dem Individuum (dem Privatinteresse) zugrunde liegt. So verstanden und umgesetzt, könnten der Kommunitarismus und die *Entdeckung des Gemeinwesens* für die politische Zielfindung die passenden Gegenstücke zum *Business Reengineering* – der wirtschaftlichen Neuausrichtung und -gestaltung – der neunziger Jahren werden.

Hier trifft sich das Gedankengut des Kommunitarismus mit der Forderung nach gesellschaftlichem Aufbruch und moralischer Erneuerung, wie sie Martin Luther King vor rund dreißig Jahren formulierte:»Durch unsere naturwissenschaftlichen Fähigkeiten haben wir uns diese Welt behaust und vertraut gemacht; durch unser moralisches und geistiges Vermögen müssen wir sie jetzt zu einer Gemeinschaft von Schwestern und Brüdern machen.«[15] Diese Gemeinschaft von Schwestern und Brüdern wird gerade nicht als Endpunkt des Wertewandels über die Jahrhunderte von der Sippenmoral der Stammesgesellschaft über die universelle Bruderschaft der mittelalterlichen Christenheit bis hin zum utilitaristischen Liberalismus der Moderne verstanden.[16] Vielmehr soll der Atomisierung der Gesellschaft, der

---

[14] Walter Reese-Schäfer:»Kommunitarismus auf dem Prüfstand. Sozialpolitik zwischen Staat, Markt und Zivilgesellschaft«, Vortrag an der Universität Tübingen vom 25. Januar 1996.

[15] Übersetzung von d. Verf.; zit. nach der Zeitschrift»Wired«, Dezember 1996.

[16] So beschrieben in Benjamin Nelson: The Idea of Usury. Form Tribal Brotherhood to Universal Otherhood, Chicago/London, [2]1969.

»universellen Bruderschaft der unterschiedslos anderen«
(Nelson), in der jeder nur seine hedonistischen Freiheits-
ansprüche und Partikularismen gegen die Interessen der
sozial fremd gewordenen anderen auslebt, durch ein über-
greifendes Band des Sozialen entgegengewirkt werden, das
seine Kraft aus einem moralischen Wirgefühl zieht.

Dabei muß nicht, wie von vielen befürchtet, die Rück-
einbindung des Individuums in Gemeinschaften mit dem
Verlust liberaler Freiheitsrechte des einzelnen einhergehen. Auch Etzioni geht aus vom Konzept des »Ich und Wir«
als spannungsvoller Einheit zweier sich gegenseitig regulie-
render Faktoren.

Desgleichen ficht ihn die in Deutschland naheliegende
Tendenz nicht an, den Gemeinschaftsbegriff in gedankliche
Nähe zur völkischen Idee des Nationalsozialismus zu bringen. Hier sollten wir Deutschen uns auch nicht gleich in der
Situation des trockenen Alkoholikers sehen, den eine einzige Alkoholpraline wieder zurück in den Suff wirft. Wenn
wir uns allein an dem Begriff der Gemeinschaft und den
darin lauernden negativen und leider in unserer jüngeren
Geschichte aufs äußerste korrumpierten Möglichkeiten
reiben, dann verpassen wir vielleicht eine Chance, durch
vorsichtigen und hellsichtigen Umgang damit eine ethisch
bessere und sozialökonomisch effizientere (weil sie der
Tendenz zunehmender Fiskalzwänge besser Rechnung
trägt) Gesellschaft zu schaffen.

Warum beziehen wir die Gemeinschaftsidee der Kommunitaristen, die wir aus Gründen einer besseren Abgrenzung
von jeder rechtsideologischen Anverwandlung vielleicht
lieber *verbindendes und verbindliches Modell sozialer Netze*
nennen, nicht auf den Standort Deutschland als Handlungs-
aufgabe im Sinne eines neuen Wirgefühls? Warum nicht auf
eine *Wir-packen-es-an-* oder *Wir-schaffen-den-Aufschwung-*
oder *Wir-helfen-uns-*Mentalität?

»Mehr Inhalt, wen'ger Kunst«[17]

Nun ist dem Kommunitarismus zwar der erste Einstieg in die politische Alltagssprache gelungen, wirklich umgesetzt und gelebt wird er in Deutschland jedoch nirgendwo. Viel stärker als in Deutschland bisher hörbar, prägte der Kommunitarismus auch die Phraseologie des amerikanischen Präsidentschaftswahlkampfs 1996: angefangen bei Newt Gingrichs »Vertrag mit Amerika« über Hillary Clintons »Family Value« bis hin zu den vielen Appellen zur »sozialen Ermutigung«, zum Gemeinschaftssinn, zur Nachbarschaftshilfe und zur moralischen Verantwortung. Nur das Wohlklingendste wurde hier dem Wörterbuch der Kommunitaristen entnommen, letztlich jedoch nur, um das dramatisch immer weiter auseinanderklaffende soziale Gefüge zu verbrämen – quasi als willkommene Worthülsen und als Alibi für die *real existierende Dichotomie.*

Das eigentliche Konzept Etzionis: die immer komplexere und für den einzelnen unerklärbare gesellschaftliche Struktur und die Aufsplitterung der Gesellschaft in Millionen von Einzelkämpfern durch ein Netz überschaubarer Gemeinschaften wieder lebenswert und *erlebbar* zu machen, findet aber bislang kaum Eingang in die politischen Forderungen hüben und drüben. Allerdings sind erste Ansätze erkennbar in der Forderung einer »Bürgergesellschaft gegen sozialen Verfall« von Heide Simonis, der SPD-Ministerpräsidentin von Schleswig-Holstein, oder des »Wiederaufbaus der sozialen Umwelt als zweiter Umweltbewegung«, von der grünen Bundes-

---

[17] Anspielung auf Shakespeares »Hamlet«, in dem die Königin dies von Polonius, dem wortreichen, aber nichtssagenden Zeremonienmeister am Hofe, fordert. Selbiges wäre auch dem Kommunitarismus in der deutschen politischen und sozialökonomischen Diskussion zu wünschen.

tagsvizepräsidentin Antje Vollmer zum Ausdruck gebracht.[18]

Auch Politiker wie der sächsische Ministerpräsident Kurt Biedenkopf oder der SPD-Fraktionschef Rudolf Scharping lassen eine Nähe zu, zumindest eine Beschäftigung mit kommunitaristischem Gedankengut erkennen: Biedenkopf als Propagator der Subsidiarität und Scharping anläßlich des 1996 in Genf veranstalteten »Communitarian Summit«, auf dem er sagte, daß er ein Vertrauen in die Fähigkeit der Menschen, »anderen in ihrer Nachbarschaft spontan zu helfen und für sie zu sorgen«[19], als notwendig erachte. In diese Richtung deutet auch Wolfgang Schäubles Betonung der Familie in seinem Buch »Und der Zukunft zugewandt«, die er als »Fundament von Staat und Gesellschaft« bezeichnet.

Das sind bislang jedoch die eher wenigen Ausnahmen. Und außerdem wird man den Verdacht nicht los, daß Politiker hier nicht immer, aber immer öfter begierig nach Stichworten fischen, um ihr angeschlagenes Ansehen aufzupolieren, ebenso wie Fernsehmoderatoren sich ihrer bedienen, weil dies derzeit *quotenträchtig* oder verkaufsfördernd ist. In diese geistige Landschaft paßt gewiß auch »Das Buch der Tugenden« des *Mr. Tagesthemen* Ulrich Wickert.

Gerade im Umgang mit den popularisierten Schlagworten des Kommunitarismus zeigt sich, daß die, die an den *Hebeln der Macht* sitzen, sich aus dem neuen sozialen *Ismus* die Sahnestückchen herausschneiden. Dabei werden die harten Folgerungen allzuoft einseitig nach unten verlagert. Dafür wurde in den USA auch gleich die passende Parole ausgegeben: *Tough Love* wird das genannt – strenge Liebe,

---

18 Siehe »Sehnsucht nach Werten«, in: »FOCUS«, Heft Nr. 12 vom 17. März 1997.

19 Redetext; zitiert in Martin Gehlen:»Suche nach einer neuen Balance zwischen Rechten und Pflichten«, in: »Der Tagesspiegel« vom 20. Juli 1996.

die der weitsichtige Vater seinen uneinsichtigen Kindern zukommen lassen muß. Nach dem Motto: Die unten wissen nicht, was gut für sie ist, und deshalb ist es gut, wenn von oben für die Unmündigen gehandelt wird.

Von einem *Gemeinsam durch die Scheiße* ist hier nicht mehr die Rede, und damit wäre das Recht zur Bezugnahme auf Etzioni eigentlich verwirkt. Wie sehr gerade in der Wirtschaft das Wirgefühl, die nicht nur schöngeredete, sondern tatsächlich praktizierte Solidarität des Managements mit der Belegschaft verkümmert ist, geht sehr anschaulich aus einem Gespräch hervor, das »DER SPIEGEL« vor einiger Zeit mit Eberhard von Brauchitsch, dem ehemaligen Flick-Manager, führte und aus dem nachfolgend eine prägnante Gesprächspassage wiedergegeben wird:

»SPIEGEL: Heute wird vor allem im unteren Drittel der Gesellschaft gespart.

Brauchitsch: Ich bin auch unzufrieden. Ich verstehe einfach nicht, daß Männer und Frauen mit Leitungsfunktionen nicht bereit sind, mit praktischem Beispiel voranzugehen.

SPIEGEL: Was erwarten Sie?

Brauchitsch: Es muß auch in der Spitze verzichtet werden, die Klausel vom ›Einfrieren‹ reicht mir nicht. Vorstände und Geschäftsführer müssen, wenn die wirtschaftliche Lage es erfordert, zum Verzicht auf Teile des Gehalts oder ihrer guten Altersversorgung bereit sein.

SPIEGEL: Der neue Managertypus scheint Ihnen auch nicht zu passen.

Brauchitsch: Ich glaube, daß wir heute zu sehr auf Zeugnisse von Elite-Unis achten. Die Persönlichkeit verschwindet hinter Zertifikaten.«[20]

---

[20] SPIEGEL-Gespräch mit Ex-Flick-Manager Eberhard von Brauchitsch über die Beziehungen zwischen Wirtschaft und Politik, in: »DER SPIEGEL«, Sonderausgabe 1947–1997, S. 200–228.

Diese von Brauchitsch bemängelte Einstellung des deutschen Managements, die viel mit der These von der *Privatisierung von Gewinn und Kollektivierung von Kosten* zu tun hat, trägt andererseits auch dazu bei, daß sich das Management zunehmend disqualifiziert, kompetent zu den drängenden Problemen der Zeit Stellung nehmen zu können. Nehmen wir als Beispiel die Antwort des Nestlé-Vorstandschefs Helmut Maucher auf die Frage der Schriftstellerin Monika Maron, wie auf die Folgen der wirtschaftlichen Entwicklung für das Sozialgefüge unserer Gesellschaft zu reagieren sei – von Herrn Maucher selbst als »eine der brennendsten Fragen unserer Zeit« apostrophiert:[21]

»Ich würde, abgekürzt natürlich, folgendes vorschlagen. Wir werden in Europa einiges tun müssen, um wettbewerbsfähig zu werden. Die Amerikaner haben uns einiges voraus. Wir brauchen größere Lohnunterschiede zwischen einzelnen Arbeitnehmergruppen, müssen einiges ändern, auch im Steuersystem. Das Sozialpaket soll für die Schwachen geschnürt werden, nicht für Leute, die nach dem Gießkannenprinzip davon profitieren. Und Ökologie, da wäre ich sehr dafür. Aber ein Land wie die Schweiz kann mit einer CO_2-Steuer so gut wie nichts ausrichten. Umweltprobleme müssen global gelöst werden. Dazu müssen wir, das sage ich jetzt ungeschützt, ein Timing einbauen – Schritte, Etappen. Es wird sowieso in die Richtung laufen, aber man muß das auch als Möglichkeit sehen, die Probleme der Welt besser zu lösen.«

Nach diesen Sprechblasen fragt man sich bestürzt, welche moralischen und fachlichen Fähigkeiten unsere *Wirtschaftsführer* haben und ob sie nicht, wie Enzensberger es so treffend formulierte, wie »die sieben Schwaben durch den Nebel tapern« – keineswegs mehr Orientierung besitzend als die hinter ihnen laufende Masse.

---

[21] Podiumsgespräch, in: »Frankfurter Rundschau« vom 16. November 1996.

Wir hören diese Worthülsen und inhaltsleeren Versatz-
stücke so häufig, daß unser Gehirn zu unserem Schutz bereits Suchprogramme aufgebaut hat, die dieses Geschwafel
frühzeitig ausfiltern und von unserem Bewußtsein fernhal-
ten. Nur so ist das Ausbleiben einer kollektiven Depression
zu erklären.

Mit Kommunitarismus wieder Siegen lernen

Zurück zum Kommunitarismus. Der Kommunitarismus
bietet eine Reihe interessanter Ansätze, mit denen eine
neue Grundeinstellung und -stimmung in unserer Gesellschaft gefördert werden könnte – ein Gefühl und eine Haltung, die die psychologischen und sozialen Voraussetzungen für das angestrebte *Wieder-siegen-Lernen* sind.

Wer *siegen will,* muß zuerst einmal willens sein, etwas
anpacken zu wollen. »Anpacken, zupacken, aufbauen«[22]
war eine Haltung der Gründergeneration. Heute wird
eher gelebt nach dem Motto »Abwarten, abgreifen, aufbrauchen«. Wer *etwas anpackt*, gestaltet sein Leben aktiv –
anpacken und *etwas wagen* entspricht aber nicht mehr dem
deutschen Zeitgeist. Auch das ein Ergebnis langjähriger
wirtschaftlicher und gesamtgesellschaftlicher Fehlentwick-
lungen.

Wir brauchen die Anpacker, die Bellheims, dringend und
auf allen Ebenen und in allen Bereichen, doch wir haben sie
nicht. Wir haben sie nicht, weil die Bellheims zumeist nicht
einfach geboren werden – sie entstehen vielmehr auf einem
günstigen gesellschaftlichen Humusboden, soziokulturelle
Bedingungen genannt, oder verdorren auf ausgelaugten

---

[22] Wie es in dem Neue-Deutsche-Welle-Hit »Wir steigern das Bruttosozialprodukt« hieß.

Böden und ausgetretenen Pfaden. Günstige soziokulturelle Bedingungen zu schaffen ist eine Hoffnung, die sich mit dem Kommunitarismus verbindet.

Erinnern wir uns kurz, welche charakterlichen Merkmale unseren Bellheim vornehmlich auszeichnen. Wie soll er sein? Ehrlich, rechtschaffen, offen, verläßlich, berechenbar, verantwortungsbewußt und -bereit, tatkräftig, optimistisch, moralisch und vorbildhaft sollte er sein.

Der Kommunitarismus begünstigt und fördert ein geistiges Klima, in dem sich solche und ähnliche Werte und Attitüden entwickeln können: Er legt die Betonung auf Werte statt bloße Marktgesetze, ebenso auf Tugend, Moral und Gemeinschaft. Wichtig bei der Wertschätzung der Gemeinschaft ist, daß es sich hierbei um »soziale Netze von Menschen (handelt), die einander persönlich kennen«.[23] In einem solchen Umfeld, in dem interpersonelle Bande wirksam sind, gedeiht, entwickelt und bildet sich Verantwortung ungleich besser aus als in einem sozialen Kontext, in dem sich anonyme Individuen in einer abstrakten, formalisierten Rechtsbeziehung gegenüberstehen.

Der Firmenchef oder Abteilungsleiter, der seine Untergebenen persönlich kennt, dem ihre familiären, persönlichen Hintergründe bekannt sind, fühlt sich verantwortlicher für *seine Leute* als einer, der sie nur als Einträge in seiner Personalliste sieht. Die Entwicklung abstrakter Rechtsbeziehungen als Teil der wachsenden Ausdifferenzierung moderner Gesellschaften hat dazu geführt, daß die einzelnen – so auch als Chef und Untergebener – nur noch in einem begrenzt funktionalen, auf das reine Unternehmensziel bezogenen Zusammenhang zusammenkommen – unter Aussparung aller anderen Facetten ihrer Lebensbeziehungen.

Das mag in modernen Managementfibeln als *Organisationseffizienz* angepriesen werden, leistet jedoch auch der

---

[23] Amitai Etzioni: Die Entdeckung des Gemeinwesens.

Versachlichung, der Anonymisierung, der Entpersönlichung und der Verdinglichung sozialer Strukturen Vorschub.

Umgekehrt steigt auch bei den Mitarbeitern die Motivation für und die Bindung an das Unternehmen, wenn sie eine persönliche Verbundenheit zu ihren Vorgesetzten fühlen, die unter anderem daraus erwächst, daß sie als Person mit ihrem individuellen Hintergrund, nicht nur als Nummer in einem Arbeitsplan, ernstgenommen und dementsprechend behandelt werden. Eine solche Verbundenheit erwächst nicht zu Chefs, die allzu offensichtlich nur auf der Durchreise zu einer neuen Karriereposition sind, ebensowenig zu solchen, die nie sich selbst meinen, wenn sie vom *Gürtel-enger-Schnallen* reden.

Chefs, und das meint sowohl wirtschaftliche als auch politische Führungspersonen, müssen viel stärker als bisher mit ihrem Wohl und Wehe für ihre Handlungsweise und deren Folgen, auch die negativen, verantwortet werden. Das trifft heute nur noch auf die Führungskräfte von Familienunternehmen und des Mittelstandes zu. Von deren Handlungsweise hängen immer auch der finanzielle Bestand und das wirtschaftliche Überleben ab.

Wer von Demokratie redet und ihren Ursprung rühmt, sollte vielleicht auch ab und an auf die Praxis des Scherbengerichts verweisen, in dessen Verlauf ein Staatsmanager im Areopag unter Umständen sein persönliches Waterloo erleben konnte und mit Ehre, Hab und Gut, oft sogar mit Verbannung für seine Taten einstehen mußte. Es muß ja nicht gleich Verbannung sein – das Prinzip der persönlichen Haftung muß in der Zukunft jedoch viel stärker ausgeprägt werden, wenn wir die Abgreifermentalität durch eine Anpackermentalität in den Griff bekommen wollen.

An dieser Stelle soll eine neue moralische Dimension des Denkens und Handelns fruchten, so die Hoffnung der Kommunitaristen, und damit der Gesellschaft und ihren unterschiedlichsten Gemeinschaften den Charakter von *Schicksalsgemeinschaften*[24] geben, die stärker, als es bislang in modernen Industriegesellschaften der Fall ist, durch gegenseitige Verantwortung und Hilfsbereitschaft geprägt sind. Die Mitglieder dieser Gemeinschaften wissen, daß sie alle, auch mit ihren Nachgeborenen, im selben Boot sitzen, und nehmen dieses Wissen ernst.

Dabei hat diese Art von Gemeinschaft nichts Konservatives, Antiwestliches, Antimodernes oder gar Völkisches, wie ihr das gerade in der bundesdeutschen Diskussion zuweilen unterstellt wird – sie reichert die Gesellschaft in ihrem jetzigen Bestand und Wesen an mit ethischen und humanen Handlungsmaximen. Wer diese Form der Zusammengehörigkeit, ohne sie wirklich und ernsthaft auf ihre praktische Umsetzbarkeit zu prüfen, als *atavistische Gruppenmoral* abtut, muß sich die Frage gefallen lassen, wie er dem seit Jahrzehnten ins Kraut schießenden Lobbyismus nebst seinen bekannten Begleiterscheinungen, demokratisch als Pluralismus legalisiert beziehungsweise scheinlegitimiert, zukünftig Herr werden will. Gewiß ist letzterer auch partikularistischer, weil die kommunitaristische Gemeinschaft anders als der Lobbyismus immer auch die Interessen der anderen, der über- und untergeordneten Gemeinschaften berücksichtigen will.

Übertragen auf ein Unternehmen, beinhaltet der Begriff der Schicksalsgemeinschaft, daß sich das Management stärker als bislang legitimieren muß – sowohl gegenüber der Gesellschaft, in die das Unternehmen in unterschiedlichsten Wechselbeziehungen eingebunden ist, als auch ge-

---

[24] Auch dieser Begriff ist durch die jüngere deutsche Geschichte vorbelastet. Hier soll er jedoch allein der Tatsache Ausdruck verleihen, daß in dieser Form der Gemeinschaft die Mitglieder nicht nur pro forma, im Rahmen fiktiver und tradierter Rechtsbeziehungen zusammenkommen, sondern daß sie über das tief verinnerlichte Gefühl der gegenseitigen Verpflichtung zu Hilfe, Fürsorge usw. ein wirkliches Zusammengehörigkeitsgefühl entwickelten.

146

genüber den eigenen Mitarbeitern. Der Gradmesser für diese Legitimation ist Verantwortung, die das Management übernehmen und in seinen Taten, nicht nur in seinen Worten an den Tag legen muß. Hier gräbt sich der Stachel der kommunitaristischen Kritik tief ins Fleisch der lieben Gewohnheit. Neben der Frage, was rechtens ist – eben die Versachlichung und letztlich Unangreifbarkeit von Handeln in abstrakten, komplexen Rechtsverhältnissen und Verwaltungsakten in allen Innen- und Außenbeziehungen –, wird zugleich die Frage gestellt nach dem, was gut ist.

Diese Verantwortung des Managements für das Gemeinwohl und für seine Mitarbeiter ist eine wesentliche Schubkraft für Motivation. Sie schafft ein neues Gefühl der Zusammengehörigkeit, schweißt zusammen, auch in schlechten Zeiten, und kann eine Wende gegen den allgemeinen Trend der Zeit bewirken. In dieses Bild passen nicht die kühlen Rationalisierer, Leute vom Schlage eines »Kettensägen-Al«. Ebensowenig die Spieler und Spekulanten, die quasi am Reißbrett unter dem Primat von Shareholdervalues Firmen zerschlagen und Schicksale vernichten, ohne sich überhaupt der praktischen Dimension ihres Handelns bewußt zu sein. Deren Erfolge haben allesamt eine gravierende Begleiterscheinung: Der Gewinn wird privatisiert und der Verlust kollektiviert.

Verantwortung, aufrichtig angenommen und richtig eingesetzt, kann eine ebenso wichtige, wenn nicht wichtigere Waffe im verschärften Wettbewerb sein als jede technologische oder organisatorische Neuerung – auch das eine Botschaft, die der Kommunitarismus vermittelt. Sie bildet die Voraussetzung für ein Kulturmanagement im Unternehmen, das den Mitarbeiter als wesentliches Erfolgspotential neu- beziehungsweise wiederentdeckt.[25]

---

[25] Siehe Gerhard Nagel: Durch Firmenkultur zur Firmenpersönlichkeit. Manager entdecken ein neues Erfolgspotential, Landsberg/Lech 1991, S. 12.

»Unter allen Arten von Kapital, die ich kenne, ist Vertrauen das sensibelste, das flüchtigste. Und doch benötigen wir es dringender denn je … Diejenigen, die mutig und aufgeklärt genug sind, diesen Weg anzunehmen, ihn zu beschreiten, müssen sich ihres Selbstvertrauens vergewissern, während diejenigen, denen die Verantwortung zufällt, dabei selbst zu führen, sich sorgfältiger denn je um das Vertrauen derer bemühen müssen, die mit ihnen ziehen sollen«, schreibt Edzard Reuter.[26]

Übertragen auf die Politik, bedeutet der Begriff der Schicksalsgemeinschaft, daß man allseits den mündigen Staatsbürger ernst nimmt und dazu übergeht, den Regierten reinen Wein einzuschenken. »Moralisch wäre es, dem Bürger diese Zusammenhänge (der härtere internationale Wettbewerb durch Teilnahme der Billiglohnländer hat Auswirkungen auf unsere Wirtschaft – d. Verf.) klarzumachen. Statt dessen wird ihm jede Woche eine neue kleine Hiobsbotschaft mitgeteilt: hier ein paar Kürzungen beim Zahnersatz, dort keine Lohnfortzahlung mehr im Krankheitsfall. Jede Woche ein kleiner Schmerz. Auch hier macht der Ton die Musik.«[27]

Gegen die Absichtserklärung der Kommunitaristen, den moralischen Zeigefinger benutzen und unmoralisches, gemeinschaftsschädigendes Verhalten als solches benennen zu wollen, hat sich ein Sturm der Entrüstung erhoben. Im Namen individueller Freiheitsrechte wurde dieses Ansinnen als Moralprüderie und als Rückfall in den Puritanismus gegeißelt und gleich das Schreckgespenst neuer Hexenverfolgungen heraufbeschworen. Dabei haben die Vertreter

---

[26] »Führung auf dem Weg in eine andere Moderne – Anmerkungen zur Wirtschafts- und Unternehmenspolitik in den 90er Jahren«, in: Ekkehard Kappler/Tobias Scheytt (Hrsg.): Unternehmensführung – Wirtschaftsethik – Gesellschaftliche Evolution, Gütersloh 1995.

[27] »Hart im Sinkflug«, SPIEGEL-Gespräch mit Amitai Etzioni, »DER SPIEGEL«, 10/1996, S. 88.

des Kommunitarismus immer wieder betont, daß sie die Menschen keineswegs über Verbote und Gesetze zwingen wollen, gute Menschen zu sein, sondern einzig einen »moralischen Dialog der Überzeugung«[28] führen wollen.

Weswegen sollten wir uns nicht angewöhnen, den moralischen Zeigefinger ein wenig häufiger zu heben? Wie kann eine Gesellschaft längerfristig ohne bleibenden Schaden einen Zeitgeist ertragen, der steuerflüchtige Stars hofiert, Wirtschaftskriminalität als verbreitetes Gesellschaftsspiel[29] duldet, Korruption unter seinen im weltweiten Vergleich alles andere als schlechtbezahlten Staatsdienern[30] als notwendiges Übel hinnimmt und die wiederholten Versuche der Landes- und Bundespolitiker, per legislativen Griff in die Diätenkasse ihre privaten Konvergenzkriterien zu erfüllen[31], medienwirksam belächelt.

Bei längerem Überlegen ließe sich mehr, deutlich mehr, und ähnlich Gravierendes anführen. Schlechte Beispiele kennt jeder genug. Sie vermitteln ein Bild, das zur Nachahmung geradezu einlädt. »Das kleine Arschloch« existiert somit gewiß nicht nur in der bösen Phantasie des Comic-Zeichners Walter Moers, wie dies der »FOCUS« bereits vermutete und eine »kriminelle Absahnermentalität in allen Schichten der Bevölkerung« feststellte: Schwarzarbeit, Sozialhilfeschwindel, Steuerhinterziehung, Vetternwirtschaft, Subventionsbetrug, Korruption.[32]

---

[28] Ebd.
[29] Zweiundneunzigtausend Fälle von Wirtschaftskriminalität registrierte das Bundeskriminalamt 1996 – fast ein Viertel mehr als 1995. Der Gesamtschaden wird auf 8,1 Milliarden Mark geschätzt. Siehe Nikolaus Piper: »Wir Abzocker«, in: »Die Zeit«, Nr. 28 vom 4. Juli 1997, S. 17.
[30] Ebd.
[31] Zahlreiche Einzelbeispiele zur Begehrlichkeit der Regierenden in Sachen Diäten, darunter Fallbeispiele aus Hamburg, Hessen und dem Saarland, finden sich bei Hans Herbert von Arnim: Der Staat als Beute. Wie Politiker in eigener Sache Gesetze machen, München 1993.
[32] »Sehnsucht nach Werten«, in: »FOCUS«, Heft Nr. 12 vom 17. März 1997.

Und »Die Zeit« sekundierte: »Scheinfirmen nehmen Betrieben für viel Geld ihren Sondermüll ab, um ihn hinterher irgendwo in die Landschaft zu kippen. Kleine Sparer werden mit phantastischen Renditeversprechen von Anlagehaien hinters Licht geführt. Geschäftsführer und Sachbearbeiter veruntreuen das Geld ihrer Kunden.«[33] Dabei sei das Abzocken nicht nur eine verbreitete Untugend der unteren Chargen, sondern auch »eine Chiffre für tatsächliche oder vermeintliche Selbstbereicherung der deutschen Eliten: für Parteispenden und Diäten, Postenhuberei und Filz, Politikerpensionen und Seilschaften«.[34]

Hieraus ist ein für unsere Gemeinschaft gefährlicher Egoismus erwachsen. Keiner will mehr hintanstehen, wenn die anderen vermeintlich oder wirklich hinlangen und sich bereichern. »Die Vermutung liegt nahe, daß die Hemmschwelle für Korruption sinkt, wenn die kleinen Amtsträger das Gefühl haben, daß ›die da oben‹ sowieso absahnen. Und wer täglich Hiobsbotschaften über sinkende Renten und Löhne hört, reagiert besonders gereizt auf üppige Politikerpensionen und Übergangsgeld für ehemalige Staatssekretäre.«[35]

Auch diesem Egoismus der Mitläufer steht kommunitaristisches Denken entgegen, weil es statt des bedingungslosen Wettlaufs um den eigenen Vorteil auf eine Gemeinschaftsidee setzt, in der der einzelne im Zeichen eines gelebten Wirgefühls auch die berechtigten Ansprüche aller anderen akzeptieren und respektieren lernt.

Hinzu kommt die Rückbesinnung auf alte Werte und auf Geschichte, in deren Rahmen verstandene und vermittelte Traditionen die Einbettung des einzelnen in die »übergreifende Vorstellung vom Telos eines ganzen, als Einheit begriffenen Menschenlebens«[36] ermöglichen. Für Alasdair

---

[33] »Wir Abzocker«, in: »Die Zeit«, Nr. 28 vom 4. Juli 1997.
[34] Ebd.
[35] Ebd.
[36] Alasdair MacIntyre: Der Verlust der Tugend, Frankfurt 1987, S. 270.

MacIntyre die Voraussetzung für tugendhaftes Verhalten. Nur innerhalb gelebter Traditionen werden jene Geschichten erzählt und repräsentativen Charaktere hervorgebracht, an denen sich der einzelne sinnvoll orientieren kann.[37]

Wo viel Licht ist, niemand wird überrascht sein, gibt es natürlich auch dunklere Stellen. Einige uns wesentlich erscheinende Kritikpunkte an den kommunitaristischen Konzepten möchten wir deshalb auch nicht unerwähnt lassen.

So wird dem Kommunitarismus besonders angekreidet, er fördere eine elitäre Gruppenmoral. Statt ein gesellschaftsweites Gemeinschaftsgefühl und Gemeinwohlbewußtsein innerhalb der Grenzen des Nationalstaates (und im Zuge der politischen Öffnungs- und Integrationstendenzen darüber hinaus) zu begründen, könne das kommunitaristische Modell »eine Sezession der Gemeinschaften mit vergleichbarem Einkommen«[38], also eine Aufteilung der Gesellschaft in scharf abgegrenzte Klassen, begünstigen.

Dabei wird auf die Untersuchung von Robert B. Reich, »The Work of Nations«, zur amerikanischen Gesellschaft verwiesen, der solche Tendenzen aufgezeigt hat. Reich stellte anhand empirischer Untersuchungen fest, daß sich die derzeitigen amerikanischen Gemeinschaften vorrangig nach Einkommensniveaus gruppieren, und meldete von daher Zweifel am kommunitaristischen Konzept lokaler Gemeinschaften an. Hieraus zieht Walter Reese-Schäfer die mögliche Schlußfolgerung: »Der neue Geist der Gemeinschaft bedeutet dann im Grunde nur eine Solidarität innerhalb der gleichen Einkommensgruppen, und die Generosität endet an deren Grenzen.«[39] Noch krasser formuliert

---

[37] Ebd., S. 46 ff.

[38] Robert B. Reich: The Work of Nations, New York 1992, S. 272; zitiert nach Walter Reese-Schäfer: »Kommunitarismus auf dem Prüfstand. Sozialpolitik zwischen Staat, Markt und Zivilgesellschaft«, Vortrag vom 25. Januar 1996 in der Universität Tübingen (http://members.aol.com/tueforum/kommunit/-komm_tl.htm).

[39] Walter Reese-Schäfer: »Kommunitarismus auf dem Prüfstand«.

dies Hauke Brunkhorst im Rahmen einer Zustandsbeschreibung der modernen Industriegesellschaft. Kommunitaristische Kritik reduziere sich »angesichts der fiskalischen Krise, der Innovationskrise und der Erosion sozialer Milieus, angesichts von Anomie und Gewalt auf die Dreieinigkeit von Kostendämpfung, Elitenrettung und Polizei«.[40] Gleichwohl muß betont werden: Dies sind mögliche Tendenzen, die in der Binnenstruktur der amerikanischen Gesellschaft angelegt sind und sich des Kommunitarismus zu ihrer weiteren Ausgestaltung bedienen könnten.

Die Kommunitaristen lehnen eine solche Entwicklung kategorisch ab, ebenso wie sie »keine Vertreter einer neoliberalen Entstaatlichung sozialer Aufgaben« sind. Vielmehr sehen sie im Subsidiaritätsprinzip »die Möglichkeit einer Vermittlung zwischen bürgerschaftlicher Selbstorganisation auf der einen und zentralstaatlicher Verwaltung und Hilfe auf der anderen Seite. Es geht ihnen nicht um eine Individualisierung von sozialen Risiken, sondern um die Stärkung von Demokratie durch die Stärkung der Bürgergesellschaft.«[41]

Daneben wird immer wieder betont, daß Deutschland nicht Amerika und deshalb eine einfache Übertragbarkeit des Kommunitarismus auf deutsche Verhältnisse nicht statthaft sei. Hier wird auf die unterschiedlichen soziokulturellen, historischen, politischen und ökonomischen Bedingungen diesseits und jenseits des Atlantiks verwiesen, ebenso auf die Problematik, die aus der Übersetzung des Begriffs *Community* in Gemeinschaft resultiert. So werden

---

[40] Hauke Brunkhorst: »Erziehung zur Gemeinschaft? Über den modernitätstypischen Zusammenhang von Kritik, Krise und autonomer Subjektivität«, in: »Blätter für deutsche und internationale Politik«, Jg. 39, 1994, S. 998.

[41] Lothar Probst: »Zwischen Individualismus und Gemeinsinn. Möglichkeiten eines liberalen Kommunitarismus in Deutschland«, Vortrag beim Senator für Frauen, Gesundheit, Soziales und Umweltschutz im Presseclub Bremen am 21. Mai 1997, S. 5.

in Nordamerika mit *Community* gänzlich andersartige Traditionen und soziokulturelle Verhältnisse erfaßt.

Hinzu kommt, daß es dem Kommunitarismus an Konkretheit der Vorschläge mangelt. Während alle prominenten Kommunitaristen nicht müde werden, die Wiederbelebung bürgerlicher Tugenden zu fordern, bleiben die Vorschläge, wie dies umgesetzt werden soll, noch sehr vage und unbestimmt. So etwa bei Robert Bellah und dessen »Good Society«, die inhaltlich unausgefüllt und praktisch unerprobt bleibt, ebenso bei Etzioni, der lange nur ein wirkliches Vorzeigebeispiel aus der amerikanischen Hafenstadt Seattle im Bundesstaat Washington hatte, das wir deshalb auch hier vermerken wollen. Zitieren wir dazu Etzioni aus dem bereits erwähnten »SPIEGEL«-Gespräch: »Die Hilfe bei Herzanfällen in den ersten vier Minuten kann lebensentscheidend sein. Normalerweise müßte man in Seattle 15 Notfallambulanzen plazieren, drei Schichten einrichten und 18 Millionen Dollar pro Jahr dafür ausgeben. Das Rote Kreuz trainierte nun 400 000 Bürger. Bei einer Herzattacke hilft jetzt jemand am Arbeitsplatz oder in der Nachbarschaft dem Patienten, bis die normale Ambulanz kommt. Das spart der Stadt 18 Millionen im Jahr. Aber noch wichtiger: Die Leute fühlen sich anders in Seattle.«[42] Auch das sogenannte »Workfare«, ein Programm, zu dessen Ausarbeitung Etzioni von US-Präsident Clinton gebeten wurde, muß erst noch seinen Praxistest bestehen. Hierbei geht es um ein Modell, bei dem man Arbeitskräfte, die vorher arbeitslos waren, in Krankenhäuser, Museen, Kindereinrichtungen und im sozialen Sektor insgesamt mit gemeinnütziger Arbeit beschäftigen will. Sie erhalten, so die

---

[42] Amitai Etzioni, »Hart im Sinkflug«, SPIEGEL-Gespräch, S. 89. Etwas Ähnliches hat zum Beispiel der Verwaltungsdirektor des Arbeitsamtes Mainz, Dr. Angermann, initiiert. Gemeinsam mit einem Förderverein hat er bei Ausgrabungen freigelegte antike Schiffe mit ABM-Maßnahmen restaurieren lassen und dabei auch zu einem guten Teil die Entstehung des Schiffahrtsmuseums ermöglicht.

Vorstellung, dafür einen Minimallohn, der von den Institutionen bezahlt wird, in denen sie arbeiten.[43]

Fairerweise muß man dem US-amerikanischen Kommunitarismus zugestehen, daß er sich erst einmal in der theoretischen Diskussion entwickeln mußte. Immerhin geht es dabei um nichts weniger, als ein neues Denken anzuregen, das zu einem gesamtgesellschaftlichen Bewußtseins- und Einstellungswandel führen soll. Das braucht seine Zeit und muß erst Formen annehmen.

Darauf brauchen wir in Deutschland aber gar nicht zu warten. Parallel zu den ersten praktischen Ausprägungen in den USA haben sich auch bereits hierzulande einige Gruppen gebildet, die ihre Entstehung und Ziele mehr oder weniger direkt auf kommunitaristisches Gedankengut zurückführen. So etwa in Köln, wo man ein Freiwilligenzentrum aufbauen will, das Bürgern die direkte Mitwirkung an sozialen Projekten und Aufgaben ermöglichen soll. Ebenso die seit 1995 bestehende Freiwilligenagentur in Bremen. Diese vermittelt seitdem ehrenamtliche Aufgaben, die von Besuchen in Altenheimen, Freizeitgestaltung mit Krankenhauspatienten über die Betreuung und Verköstigung von Obdachlosen und Betreuung von Kleinkindern in Nachbarschaftshilfegruppen bis hin zum Segeltraining für Kinder oder zu Deutschkursen für Iranerinnen reichen.[44]

Als Träger der einzelnen Projekte werden kleinere Vereine, ebenso traditionelle Wohlfahrtsverbände wie das Rote Kreuz und die Arbeiterwohlfahrt genannt. Zudem sind laut »FOCUS« innerhalb kurzer Zeit in mehr als dreißig deutschen Städten Freiwilligen-Agenturen aus dem Boden geschossen, weitere stehen kurz vor der Eröffnung. Hierbei sei einmal dahingestellt, ob alle diese

---

[43] Ebd.
[44] Siehe Frank Gerbert: »Sehnsucht nach Werten«, in: »FOCUS«, Nr. 12 vom 17. März 1997, S. 207 f.

Einrichtungen als Reaktion auf den Kommunitarismus verbucht werden können.

Auch gibt es in der deutschen Sozialethik und Sozialgeschichte eine Traditionslinie, die weit bis ins neunzehnte Jahrhundert zurückreicht und viele der Ideen vorwegnimmt, die die Kommunitaristen über hundert Jahre später in Amerika neu zur Diskussion gestellt haben. Es lohnt sich, diesen deutschen Ideenstrang kurz nachzuzeichnen. Es lohnt sich, weil hier erkennbar wird, daß es in Deutschland eine Tradition gibt, die für kommunitaristisches Denken empfänglich macht, weil sie dessen wesentliche Argumente bereits vorher von unterschiedlichster Seite in die Debatte um die Ausgestaltung des politischen und sozialen Gemeinwesens geworfen hatte. Die Stichworte hier: Solidarität und Subsidiarität.

Zwischen Solidarität und Subsidiarität

Den Gedanken der Selbsthilfe durch Gemeinsinn, in der kontinentalen Tradition als Subsidiarität bezeichnet, hatte bereits hundertvierzig Jahre vor den amerikanischen Kommunitaristen der US-Präsident Abraham Lincoln im Jahr 1854 in die Worte gekleidet:»Die Regierung hat für die Bevölkerung das zu besorgen, wonach die Menschen ein Bedürfnis haben, was sie aber selbst überhaupt nicht tun können oder doch, auf sich selbst gestellt, nicht ebensogut tun können. In all das, was die Menschen ebensogut selber tun können, hat die Regierung sich nicht einzumischen.«[45]

---

[45] Übersetzung aus Oswald von Nell-Breuning:»Baugesetze der Gesellschaft. Solidarität und Subsidiarität, S. 88.

Diese Feststellung war Ausdruck des amerikanischen Selbstverständnisses, das sich seit seinen geschichtlichen Anfängen in lokalen politischen, religiösen und sozialen Gemeinschaften und Vereinigungen ausgeprägt hatte. Sie deckt sich mit den Ansichten des amerikanischen Demokratietheoretikers John Dewey, der der Ansicht war, daß praktische Erfahrung in der Demokratie und Erziehung zur Demokratie nur in kleineren, lokalen Einheiten erworben werden könnten.[46]

Zwar über eine gänzlich andere Traditionslinie, aber genauso intensiv ist das Gedankengut der Subsidiarität in der deutschen Geschichte sozialer Ideen verwurzelt. Die klassische Belegstelle für das Subsidiaritätsprinzip ist die Enzyklika »Quadragesimo anno« des Papstes Pius XI. Die Enzyklika verstand sich als Gegenentwurf zu den zeitgeschichtlich bedrohlichen Tendenzen, wie sie sich im deutschen und italienischen Faschismus oder im stalinistischen Kommunismus darstellten.

Die Gedanken, die in die »Quadragesimo anno« Eingang fanden, wurden sehr stark in Deutschland zu Anfang des Jahrhunderts vorbereitet und standen in einer Tradition, die weit in das vorherige Jahrhundert zurückreichte. In der Tradition des *christlichen Sozialismus*, wie er sich im letzten Viertel des neunzehnten Jahrhunderts ausbildete, entwickelte eine Reihe junger Sozialwissenschaftler die Idee der Solidarität und damit zusammenhängend der Subsidiarität weiter.

In der Traditionslinie des Subsidiaritätsgedankens stand u. a. auch der Mainzer Bischof Ketteler, der sich zum Beispiel dafür aussprach, daß das Volk das Recht haben müsse, »das, was es selbst tun kann: in seinem Hause, in seiner Gemeinde, in seiner Heimat, auch selbst zu besorgen und zu

---

[46] Siehe Lothar Probst: »Zwischen Individualismus und Gemeinsinn. Möglichkeiten eines liberalen Kommunitarismus in Deutschland«.

vollbringen«.[47] »Als am 15. Mai 1931 das Rundschreiben
›Quadragesimo anno‹ erschien, konnten darin die Vertreter
des Solidarismus viel von ihrem eigenen Geistesgut erkennen. Es war auch kein Geheimnis, daß ein großer Teil der
Vorarbeiten von ihnen stammte.«[48] In diese Gruppe gehör-
ten Denker wie Johannes Messner, Paul Jostock, Gustav
Gundlach und Oswald von Nell-Breuning, der auch stark
an der sprachlichen Fassung von »Quadragesimo anno« beteiligt gewesen war.

Die für unsere Argumentation wichtige Fundstelle aus
»Quadragesimo anno« lautet: »Wie dasjenige, was der Ein-
zelmensch aus eigener Initiative und mit seinen eigenen
Kräften leisten kann, ihm nicht entzogen und der Gesellschaftstätigkeit zugewiesen werden darf, so verstößt es
gegen die Gerechtigkeit, das, was die kleineren und untergeordneten Gemeinwesen leisten und zum guten Ende
führen können, für die weitere und übergeordnete Gemeinschaft in Anspruch zu nehmen; zugleich ist es überaus
nachteilig und verwirrt die ganze Gesellschaftsordnung.
Jedwede Gesellschaftstätigkeit ist ja ihrem Wesen und Begriff nach subsidiär; sie soll die Glieder des Sozialkörpers
unterstützen, darf sie aber niemals zerschlagen oder aufsaugen.«[49]

Dieses Prinzip, in der katholischen Soziallehre in den
ersten Jahrzehnten dieses Jahrhunderts propagiert, legt
wie der amerikanische Kommunitarismus eine starke Betonung auf den Schutz der Familie. Die Betonung der Familie, von Oswald von Nell-Breuning, einem der geistigen

---

[47] Zitiert nach Oswald von Nell-Breuning: »Baugesetze der Gesellschaft«.
[48] Wilfried Gottschalch u. a.: Geschichte der sozialen Ideen in Deutschland. Deutsches Handbuch der Politik, Bd. 3, München u. a. 1969,
S. 460 f.
[49] Zitiert nach Oswald von Nell-Breuning: »Subsidiarität – ein katholi-
sches Prinzip?«, in: ders.: Den Kapitalismus umbiegen. Schriften zu
Kirche, Wirtschaft und Gesellschaft.

Väter von »Quadragesimo anno«, immer wieder artikuliert[50], zieht sich wie ein roter Faden durch die deutsche sozialpolitische Diskussion bis in die heutige Zeit. Sie findet sich im Godesberger Programm der SPD von 1959[51] ebenso wie zum Beispiel bei Gustav Ermecke, Professor für Christliche Gesellschaftslehre in Bochum, der nach 1945 den *Familiarismus* als System der katholischen Soziallehre zu etablieren versuchte. Die Basis des Familiarismus sah er in der *Familienhaftigkeit*, die den Menschen bis in seinen Wesenskern, in seiner innersten Trieb- und Strebensexistenz, bestimme.[52]

Das Subsidiaritätsprinzip findet sich bereits bei Wilhelm von Humboldt, der in den neunziger Jahren des achtzehnten Jahrhunderts seine Ideen zum einen gegen die Einschnürung des Individuums durch den absolutistischen Staat und zum anderen gegen die utopischen Heilslehren der Französischen Revolution entwickelte. Humboldt wies den Anspruch des Staates unter anderem deshalb zurück, weil dieser den einzelnen ausschließlich für seine Zwecke benutze. Menschen, denen man ihre Aufgabe abnehme, so die Argumentation Humboldts, verlören ihre Selbstver-

---

[50] Noch in seinem letzten Buch stellte von Nell-Breuning fest, daß »Wirtschaft und Staat von dem (leben), was das Elternhaus dem nachwachsenden Geschlecht an Erziehung und Lebenserfahrung, an Pflichttreue und Verantwortungsbewußtsein mitgibt ... Unsere Privatsphäre bedarf in jedem Augenblick des Eingebettetseins in größere Gemeinschaften, ... bedarf des Schutzes und der Sicherung durch den Bestand und guten Befund der größeren Gemeinschaften bis hinauf zum Staat, der wenigstens ein Mindestmaß an rechtlicher Ordnung und Sicherheit gewährleistet.« (Baugesetze der Gesellschaft)

[51] »Die Jugend muß befähigt werden, ihr Leben selbst zu meistern und in die künftige Verantwortung gegenüber der Gemeinschaft hineinzuwachsen. Staat und Gesellschaft haben deshalb die Aufgabe, die Erziehungskraft der Familie zu stärken, sie in den Bereichen, die sie nicht ausfüllen kann, zu ergänzen und notfalls zu ersetzen.« Zitiert nach Oswald von Nell-Breuning: Baugesetze der Gesellschaft.

[52] Siehe Wilfried Gottschalch u. a.: Geschichte der sozialen Ideen in Deutschland, S. 553.

antwortung. Dabei wandte er sich in heutigem Verständnis weniger gegen den Wohlfahrtsstaat als vielmehr gegen den allumfassenden Interventionsstaat. »Die Kritik wurde später ... von der katholischen Interpretation umgewandelt, die in der Enzyklika von 1931 davor warnte, daß die Gesellschaftstätigkeit nicht die des Sozialkörpers ›zerschlagen oder aufsaugen‹«[53], sprich den Menschen nicht durch umfassende Fürsorge zur Passivität degradieren und dadurch als Menschen entmündigen dürfe.

Der Subsidiaritätsgedanke wurde von den deutschen Denkern gerade aus der katholischen Richtung im Spannungsverhältnis zur Theorie der Solidarität entwickelt. Insbesondere Nell-Breuning betonte immer wieder den doppelseitigen Bezug beider Theorien – das Austarieren zwischen der Hinordnung des einzelnen auf die Gemeinschaft und gleichzeitig der Hinordnung der Gemeinschaft auf den einzelnen. Weniger stark als Prinzip der Zuordnung von Individuum und Gemeinschaft hat hingegen die evangelische Sozialethik den Begriff der Solidarität gedeutet.[54]

Der erste systematische Denker der Solidarität war Anfang dieses Jahrhunderts der Jesuit, Sozialethiker und Volkswirtschaftler Heinrich Pesch, der ab 1905 in seinem fünfbändigen »Lehrbuch der Nationalökonomie« unter dem Namen eines *christlichen Sozialismus* eine Theorie des Solidarismus entwickelte. Dabei versuchte Pesch eine Verbindung der beiden wichtigen Strömungen Individualismus und Sozialismus. Das Prinzip der Solidarität war für Pesch ein Seinsprinzip, das aus der wechselseitigen Abhängigkeit der Menschen, deren gegenseitiger Ergänzungsfähigkeit und -bedürftigkeit, resultierte. In der Solidarität sah Pesch

---

[53] Manfred Hettling: »Subsidiarität«, in: »Frankfurter Allgemeine Zeitung« vom 3. Januar 1996.
[54] Siehe Gerhard W. Brück: Von der Utopie zur Weltanschauung. Zur Geschichte und Wirkung der sozialen Ideen in Europa, Köln 1989, S. 355.

auch die Grundlage der korporativen Gliederung der Gesellschaft.[55]

Gerade die Betonung des Korporativgedankens, über die Idee der Solidarität im Rahmen ständischer Vereinigungen, bildet nach unserem Dafürhalten eine ganz wichtige Klammer zum amerikanischen Kommunitarismus. Dabei könnte man vereinfacht sagen: Was den Deutschen die Stände bedeuteten, waren für die Amerikaner, denen der Korporativgedanke bekanntlich gänzlich fremd ist, die lokalen Gemeinschaften, die wiederum für die Kommunitaristen zum Wesenskern ihrer Theorie wurden. Der Korporativgedanke findet sich über das ganze Jahrhundert immer wieder: Er findet sich bei Pesch, dem »beruflich soziale Organe« die besten Garanten für die Erfüllung der verschiedenen Aufgaben des gesellschaftlichen Lebens sind. Er taucht zum Beispiel auf in den Beschlüssen des Essener Gewerkschaftskongresses von 1920, der den christlich-deutschen Korporativgedanken in eine Idee der Solidarität aller Stände übertrug. Das Ziel der berufsständischen Gliederung der Gesellschaft fand sich nicht zuletzt wieder in der bereits verschiedentlich erwähnten Enzyklika »Quadragesimo anno«.[56]

Bereits nach dem Ersten Weltkrieg war die ständische Tradition wieder aufgelebt, nachdem sie mit den Anfängen der Sozialpolitik in den achtziger Jahren des neunzehnten Jahrhunderts etwas in Vergessenheit geraten war. Ein wichtiges Ereignis in dieser Hinsicht war die Gründung der *Zentralarbeitsgemeinschaft der industriellen und gewerblichen Arbeitgeber und Arbeitnehmer* im November 1918, die vielfach als Schritt in Richtung einer berufsständischen Organisation gedeutet wurde. Zudem erschienen in jener Zeit di-

---

[55] Siehe Gottschalch u. a.: Geschichte der sozialen Ideen in Deutschland, S. 454.
[56] Siehe Gottschalch u. a.: Geschichte der sozialen Ideen in Deutschland, S. 454.

verse Zeitschriftenbeiträge, die sich mit *berufsständischer Gemeinschaftsarbeit* oder den *Entwicklungstendenzen im deutschen Wirtschaftsleben zur berufsständischen Organisation* beschäftigten. Auch in der Zeitschrift »Deutsche Arbeit« wurde zu Beginn der zwanziger Jahre die berufsständische Idee immer wieder erörtert. Auf dem bereits erwähnten Essener Gewerkschaftskongreß wurde diskutiert, ob Bezirkswirtschaftsräte unter paritätischer Beteiligung von Arbeitnehmern und Arbeitgebern zu Selbstverwaltungskörpern der Industrie ausgebaut werden sollten.[57] Die berufsständische Selbstorganisation setzte sich im Rückblick jedoch nicht durch, weil der Staat seit dem neunzehnten Jahrhundert bereits immer mehr Aufgaben zur Daseinsfürsorge übernehmen mußte. »Weil Korporationen und Gemeinden in einer sich dynamisch entwickelnden Gesellschaft dem einzelnen in Notfällen keine Subsistenz mehr garantieren konnten, forderte man das Eingreifen des Staates.«[58]

Wir haben die Diskussion zur berufsständischen Gliederung der Gesellschaft etwas umfassender dargestellt, weil wir hier, wie bereits angedeutet, wichtige Parallelen zum kommunitaristischen Gedankengut der neunziger Jahre sehen. Somit wollen wir die Behauptung wagen, daß der Import aus den USA bei uns trotz aller Unterschiede auf einen Boden fällt, der historisch für dessen Aufnahme vorbereitet und in der Praxis reif ist.

Eine wichtige Figur in der Diskussion um die deutsche Tradition des Kommunitarismus, wenn wir sie so nennen wollen, ist sicher auch Helmuth James von Moltke. In einer Zeit, da der zentralistische nationalfaschistische Staat das Individuum zu erdrücken schien, verfaßte der Widerstandskämpfer im Jahr 1939 ein Memorandum über »Die kleinen Gemeinschaften«: »Ich gehe davon aus, dass es für eine eu-

---

[57] Ebd., S. 462 ff.
[58] Manfred Hettling: »Subsidiarität«, in: »Frankfurter Allgemeine Zeitung« vom 3. Januar 1996.

ropäische Ordnung unerträglich ist, wenn der einzelne Mensch isoliert und nur auf eine grosse Gemeinschaft, den Staat, ausgerichtet wird. Der Vereinzelung entspricht die Masse; aus einem Menschen wird so ein Teil einer Masse. Gegenüber der grossen Gemeinschaft, dem Staat, oder etwaigen noch grösseren Gemeinschaften wird nur der das rechte Verantwortungsgefühl haben, der in kleineren Gemeinschaften in irgendeiner Form an der Verantwortung mitträgt, andernfalls entwickelt sich bei denen, die nur regiert werden, das Gefühl, dass sie am Geschehen unbeteiligt sind, und bei denen, die nur regieren, das Gefühl, dass sie niemandem Verantwortung schuldig sind als der Klasse der Regierenden.«[59]

Davon ausgehend, lautete Moltkes Ausgangsfrage, wie die Deutschen demokratischen Bürgersinn entwickeln könnten. Moltke schlug eine dreistufige Organisation vor.

Unterhalb der Staatsorgane und föderativen Einrichtungen sollten sich *kleine Gemeinschaften* bilden, die er als Zweckgemeinschaften verstand und in denen die Bürger ihre soziale Umwelt ausgestalten sollten: »dass die Stellung der kleinen Gemeinschaften dazu beitragen soll, Menschen aller Art in der Praxis der Verantwortung für andere Menschen zu üben«.[60] Der Staat sollte sich in diesem Denkmodell auf die Übernahme weniger Grundfunktionen beschränken. »Im kleinen Kreis kann sich ein großes Verantwortungsbewußtsein entwickeln, während im großen Wirkungskreis Selbstischkeit (Egoismus – d. Verf.) viel wahrscheinlicher ist«[61], argumentierte Moltke.

---

[59] Helmuth James von Moltkes Konzept der »kleinen Gemeinschaften«; zitiert nach Christian Ilian:»Freiheit in konkreter Verantwortung. Der Kreisauer Kreis und die schlesischen Arbeitslager für Arbeiter, Bauern und Studenten«, in: Dirk Bockermann u. a. (Hrsg.): Freiheit gestalten. Zum Demokratieverständnis des deutschen Protestantismus, Göttingen 1996, S. 334.

[60] Ebd., S. 335.

[61] Zitiert nach Johann Hinrich Claussen:»Der Staat als Schnorrer«, in: »Frankfurter Allgemeine Zeitung« vom 30. Oktober 1996.

Dabei sei Moltke von deutschnationaler Gemeinschaftstümelei weit entfernt gewesen, meint Claussen. »Gemeinschaft ist bei ihm nicht die Nische für diejenigen, denen die sozialen Differenzierungen der Moderne Unbehagen bereiten. Er bedient nicht die regressive Sehnsucht nach Bindung und Nestwärme. Die kleinen Gemeinschaften sind kein Refugium des Homogenen, kein Mittel einer Integration unter Ausblendung von Differenzen.«[62]

Dies muß sich auch der deutsche Kommunitarismus zur Jahrtausendwende auf die Fahne schreiben. Dann würde sich die derzeit bei uns geführte Debatte nicht mehr im Kreis drehen und ständig zur Frage zurückkehren, ob der Kommunitarismus eine gefährliche Hintertür zur Wiederholung verhängnisvoller Fehler ist. Statt dessen könnte die ganze Energie auf die viel wichtigere Frage verwandt werden, wie sich kommunitaristisch-subsidiäre Modelle pragmatisch und angemessen zum Nutzen aller umsetzen lassen.

Dazu gehört sicher auch, die Umarmungsversuche seitens der Politik kritisch zu hinterfragen. »Der im Zuge der Finanz- und Sozialstaatskrise von Politikern eingeforderte Gemeinsinn und der Appell an Bürgersolidarität hat deshalb gerade im Bereich der Initiativen und Selbsthilfebewegung Mißtrauen hervorgerufen. Nicht ganz zu Unrecht hegt man den Verdacht, daß Selbsthilfe, Ehrenamt und Bürgersolidarität als Kompensation für Sozialstaatsabbau mißbraucht werden sollen.«[63]

Fassen wir zusammen: Subsidiarität ist ein Begriff, der in der deutschen Geschichte sozialer Ideen seinen festen Platz hat (gerade im Zusammenhang mit der Theorie der Solidarität!) und auch seit Bestehen der Bundesrepublik je nach politischer Großwetterlage einmal mehr und einmal weni-

---

[62] Ebd.
[63] Lothar Probst: »Zwischen Individualismus und Gemeinsinn«, S. 8.

ger die sozialpolitische Diskussion bestimmte: »Gliedert man die Zeit des Bestehens der Bundesrepublik Deutschland in sozialpolitische Handlungszeiträume, dann ist unverkennbar, daß die Sozialpolitik in den ersten 20 Jahren der bundesdeutschen Republik – dominiert von konservativ-liberalen Koalitionen – von der Sozialphilosophie der Subsidiarität bestimmt war, daß die Zeit der sozial-liberalen Koalition unter der Dominanz des Solidaritätsgedankens stand und daß ab 1983 ein backlash zum Subsidiaritätsdenken stattfand. Terribles Simplificateurs würden sagen: Je rechter, desto mehr Subsidiarität, je linker, um so betonter die Solidarität.«[64]

Hiernach hätte der Subsidiaritätsgedanke die politische Diskussion der letzten fünfzehn Jahre deutlich wahrnehmbar bestimmen müssen. Das war jedoch in dem Maße sicherlich nicht der Fall, wenn auch Kurt Biedenkopf in jüngster Zeit immer wieder als Propagandist der Subsidiarität in Erscheinung getreten ist. Erst seit die Finanz- und Sozialstaatskrise unbestritten ist, mehren sich die Vorstöße in diese Richtung.

Tatsache ist, daß die Diskussion des Kommunitarismus in Deutschland dem Subsidiaritätsprinzip zu neuer Geltung verholfen hat. Dies vielleicht auch deshalb, weil sich der Reimport aus Amerika erfolgreich der Einordnung in parteipolitische Schubladen entzog.

Über diese Diskussion des Kommunitarismus bietet sich uns die Chance, das Subsidiaritätsprinzip neu zu durchdenken, auszugestalten und zeitgemäß in die sozialpolitische Landschaft am Ausgang des zwanzigsten Jahrhunderts zu übertragen. Gleichzeitig müssen wir nicht so krampfhaft, wie bislang zuweilen geschehen, Transferproblemen des Kommunitarismus zwischen dem amerikanischen und dem deutschen Kulturraum das Wort reden. Es gibt, wie wir her-

---

[64] Gerhard W. Brück: Von der Utopie zur Weltanschauung, S. 350.

auszuarbeiten versuchten, eine eigenständige deutsche Traditionslinie, an die die Theorie aus Amerika nahtlos anknüpft. Gefragt ist nun persönlicher und gesellschaftlicher Wagemut zur praktischen Umsetzung.

Apropos Wagemut: Es dürfte klar sein, daß dies in unserem Land sehr viel Engagement der unzähligen haupt- und ehrenamtlichen Helfer voraussetzt, die, jeder an seinem Platz, ihren speziellen Beitrag leisten, um die Idee der freiwilligen Selbsthilfe in organisierten gemeinnützigen Projekten Wirklichkeit werden zu lassen. Hierzu zählen natürlich bereits die einfachsten Formen der familiären und Nachbarschaftshilfe, des Sichkümmerns um die Belange der anderen und des Bemühens, durch gemeinschaftliches Anpacken dem Staat Aufgaben abzunehmen – wohlgemerkt nicht, weil dieser dem Bürger dies aufgrund zunehmend leerer Sozialkassen als Verpflichtung einredet, sondern weil jeder einzelne durch seinen Beitrag an der Heranbildung einer *besseren* Gesellschaft teilhaben will, die dadurch einen Teil ihrer derzeit oft bemängelten sozialen Kälte aufgeben muß und in der er sich durch seinen Beitrag besser fühlt. Und wir glauben Etzioni gern, daß dies wichtiger für das Selbstwertgefühl sein kann als Karriere und Geld.

Dieses Engagement muß jedoch, um Wirkung zu entfalten und von Dauer zu sein, ergänzt und gestützt werden durch den entsprechenden Beitrag der politischen und wirtschaftlichen Führungsetage. Denn Subsidiarität wird zwar *oben* aufgelegt und durch die vielfältigen Mechanismen politischer Kultur *popularisiert*, muß aber vom Volk, vom unspezifisch so genannten *einfachen Bürger*, letztlich angenommen und gelebt werden. Mehr als jemals zuvor muß die Führungselite die Ernsthaftigkeit ihres Wollens unter Beweis stellen. Es bedarf des zündenden Funkens, der auf die ganze Gesellschaft übergreifen muß.

Hier spannt sich der Bogen wieder zurück zu unserer Führungspersönlichkeit vom Schlage eines Bellheim, der diese Vorbildfunktion wahrnehmen muß. Deutschland braucht diese charismatischen Persönlichkeiten, die mitziehen, mitreißen und begeistern können bei diesem Paradigmenwechsel – denn weniger ist die Umsetzung des Subsidiaritätsprinzips in zeitgemäßer Fassung gewiß nicht. Wenn dieser Bellheim etwas wagt, das *Etwas-Wagen* vorlebt, wird auch das Volk etwas wagen und sich auf den Paradigmenwechsel einlassen. Keine Frage, wir fordern etwas Ungeheures und Grundsätzliches: eine neue Synthese zwischen betriebswirtschaftlichen Imperativen und komplexen Wechselwirkungen gesellschaftlicher Verantwortung von Unternehmen und Unternehmern. Wenn wir im internationalen Wettbewerb zukünftig noch eine Rolle spielen wollen, können wir uns mit weniger als dem *Ungeheuren* auch nicht zufriedengeben.

Letztlich ist der Typus, den wir am Beispiel Bellheim darstellen und fordern, ja auch keine Bilderbuchfigur wie Batman oder Tarzan. Es gab (und gibt) diesen Typ, erfolgreich und doch gegenüber der Gesellschaft verantwortungsbewußt. Im folgenden skizzieren wir beispielhaft einige dieser Macher aus der *Gründerzeit*.

Gründer und andere Waghalsige

Die Gründerzeit, der Begriff steht unter anderem auch für den historisierenden Repräsentationsbaustil im ausgehenden neunzehnten Jahrhundert, verdankt ihren Namen einem bis dato nie gekannten Innovationsschub deutscher Unternehmen in den achtziger Jahren des neunzehnten Jahrhunderts. Diese innovativen Neugründungen verbanden sich mit Namen wie Bayer, Siemens, Daimler, Otto, Maibach und anderen. Der Geist dieser Gründerjahre wird in jüngster Zeit in schöner Regelmäßigkeit von Personen aus unterschiedlichen politischen und wirtschaftlichen Lagern beschworen. (Ohne daß gleichzeitig wirklich ernsthaft an der Schaffung günstiger Rahmenbedingungen gearbeitet wird. Immerhin fußte auch die Gründerzeit auf einer entscheidenden Finanzspritze: der von Frankreich gezahlten Kriegsentschädigung, die in Deutschland zu vielen spekulativen Unternehmensgründungen führten.) Erinnert wurde an den Geist dieser Gründerjahre eigentlich immer wieder, wenn auch nur sporadisch, seit sich die Entwicklung der Halbleitertechnologie ab den sechziger Jahren fernab im heute so bezeichneten Silicon Valley um das Zentrum Palo Alto und entlang der Route 128 ab Boston vollzog.

Vollends zur politischen und wirtschaftlichen Vokabel wird der Begriff derzeit durch die Diskussion der letzten Monate zur Standortproblematik Deutschlands. Die damalige Mentalität wird sehnsüchtig herbeibeschworen – auch auffällig in der wirtschaftswissenschaftlichen Diskussion.[65] Die Absicht dahinter: Neben dem gewünschten forcierten Technologietransfer verbindet man damit die Hoffnung auf langfristig neue Wirtschaftsstrukturen, neue Branchen und damit die Schaffung neuer Arbeitsplätze.[66]

Dabei werden die Bereitstellung von Wagniskapital und die politisch forcierte Innovations- und Technologiediskussion allein kaum Wesentliches bewirken können. Erfolgreich können sie nur sein im Verbund mit einer neuen Mentalität des Unternehmers, die sich durch Tugenden auszeichnet, wie sie eben jene Gründergeneration maßgeblich besaß: deren vornehmste waren sicher Wagemut, Risikobereitschaft und das Bewußtsein der Verantwortung des Unternehmers in der Gesellschaft.

Gerade der Begriff *Verantwortung* sticht in den Biographien der Gründer vorwilhelminischer Zeit ins Auge. Von

---

[65] Siehe Norbert Szyperski: »Innovative Gründer forcieren Technologietransfer«, in: N. Szyperski/Paul Roth (Hrsg.): Entrepreneurship – Innovative Unternehmensgründung als Aufgabe, Stuttgart 1990.
[66] Ebd., S. 3.

Alfred Krupp (1812–1887) schreibt Theodor Heuss in seiner Aufsatzsammlung »Deutsche Gestalten«[67], er habe noch im Alter von »seinem Hügel« in Essen aus »patriarchalische Wohnungsfürsorge für seine Arbeiter« betrieben und ein hohes Maß an Verantwortung für das Werk und die Arbeiter gezeigt. Die Beschäftigten hätten gewußt, daß er ihre Sorgen mittrage. Einmal sei gar das ganze alte Familiensilber verkauft worden, um den Lohntag bestreiten zu können. Und: »Krupp wehrte sich, den Gefahren der sinkenden Konjunkturen auszuweichen, indem er Arbeiter entließ. Gerade dann versuchte er, ohne eigentliches Reservekapital, auf Vorrat zu arbeiten und seinen Personalkredit aufs äußerste anzuspannen.« Vergleichen wir das mit der Aktion von Krupp-Hoesch von 1997, dann kommentiert sich das an Shareholder-value und Finanzspekulation gebildete Ethos der Nachgeborenen und Nachberufenen im Vergleich mit dem hohen Anspruch des Unternehmensgründers fast von selbst.

Eine weitere markante Persönlichkeit jener Gründerzeit war Ernst Abbe, dem Carl Zeiss in späteren Jahren die Partnerschaft antrug und der danach Alleinbesitzer eines Imperiums wurde. »Im Jahr 1891 trennte sich ›der Millionär‹ Abbe von seinem Besitz, übergab ihn an die von ihm errichtete ›Carl-Zeiss-Stiftung‹ und wurde darin einfach beamtetes ›Mitglied der Geschäftsleitung‹.« Den Arbeitern und Angestellten sicherte man Pensionsrechte zu. Die umstrittenste Bestimmung im Statut der Carl-Zeiss-Stiftung war, daß die Mitglieder der Geschäftsleitung nicht mehr als den zehnfachen Betrag des durchschnittlichen Arbeiterlohnes als Gehalt erhalten sollten. Abbe begründete diese Regelung damit, daß die Geschäftsleitung aus der generellen

---

[67] Theodor Heuss: Deutsche Gestalten, Tübingen 1951. Ähnlich die Biographie der Rietheimer Unternehmer Johannes und Johannes Marquardt von Friedemann Maurer (Vom Geist der Gründer. Die Unternehmer Johannes und Johannes Marquardt, Pfullingen 1991).

Gewinnüberlegung herausgestellt sein sollte, »sah aber für jeden eine Chance gegeben, durch Erfindung und technische Verbesserung individuelle Ertragssteigerungen zu erreichen. Denn die persönlichen Kräfte sollen nie gelähmt, sondern sinnvoll gespannt, aber letztlich auf das Werk gerichtet sein, das zur im Objektiven ruhenden Größe geworden war.«[68]

Dabei ist Gründergeist nicht an die Zeit des ausgehenden letzten Jahrhunderts gebunden. Ein Beispiel für einen späteren Pionier dieser Sorte, einen Bellheim im Geiste, war sicher auch der Begründer der sozialen Marktwirtschaft – Ludwig Erhard. Er war der Macher des *deutschen Wirtschaftswunders*, der sich mit starker Persönlichkeit, klaren Vorstellungen, Optimismus[69], Verantwortungsbereitschaft und -gefühl, nicht zuletzt auch Risikobereitschaft und Wagemut anschickte, ein ganzes Volk in eine ungeahnte wirtschaftliche Aufbruchstimmung zu katapultieren.

Im Kontext der vorherigen Ausführungen ist interessant, daß auch die soziale Marktwirtschaft einen ausgeprägt subsidiären Charakter zeigte, und hier scheint sich der Bogen von den anderen geistigen Vätern, den Weggefährten und Ideengebern Erhards, zurückzuspannen – über Walter Eucken und die *Freiburger Schule*, über Leute von Franz Böhm, Wilhelm Röpke oder Alfred Müller-Armack – bis zu den bereits erwähnten deutschen Denkern der Subsidiarität zu Anfang des Jahrhunderts. Ebenso spannt sich der Bogen nach vorn in die Jetztzeit bis hin zu Persönlichkeiten wie Roman Herzog. Symptomatisch hierfür folgende Ausführung aus der mittlerweile berühmten *Berliner Rede* vom 26. April 1997: »Je höher aber die Erwartungen an den

---

[68] Theodor Heuss: Deutsche Gestalten.

[69] Als Optimist wurde er unisono tituliert, als er nach Aufhebung der Preisvorschriften, an der er selbst tatkräftig mitgewirkt hatte, argumentierte, die Preise würden sich über den Wettbewerb wieder nach unten regulieren. So nachzulesen in Ludwig Erhard: Wohlstand für alle, Düsseldorf ³1990, S. 25.

Staat wachsen, desto leichter werden sie auch enttäuscht, nicht nur wegen knapper Kassen. Der Staat und seine Organe sind der Komplexität des modernen Lebens ... oft einfach nicht gewachsen, und sie können es auch gar nicht sein ... Mit dem rituellen Ruf nach dem Staat geht ein ... gefährlicher Verlust an Gemeinsinn einher.«[70]

Das subsidiäre Verständnis der sozialen Marktwirtschaft formulierte Erhard wie folgt:»Die soziale Marktwirtschaft kann nicht gedeihen, wenn die ihr zugrundeliegende geistige Haltung, d. h. also die Bereitschaft, für das eigene Schicksal Verantwortung zu tragen, und aus dem Streben nach Leistungssteigerung an einem ehrlichen freien Wettbewerb teilzunehmen, durch vermeintliche soziale Maßnahmen auf benachbarten Gebieten zum Absterben verurteilt wird.«[71]

Wie auch immer man zu dieser Aussage stehen mag – sie gewinnt heute im Zeichen zunehmend leerer Sozialkassen eine andere Bedeutung. Subsidiarität wird zum Prüfstein für ein alternatives Gesellschaftsmodell, das sich insbesondere in der Vermittlung von Sponsorentum der Privatwirtschaft, in Sozialeinrichtungen und Ehrenämtern bewähren muß. Davon wird im nächsten Kapitel die Rede sein.

[70] »Aufbruch ins 21. Jahrhundert«, Ansprache von Bundespräsident Roman Herzog im Hotel Adlon am 26. April 1997.
[71] Ludwig Erhard: Wohlstand für alle, S. 245.

KAPITEL 5

Wohlstand bedeutet in jeder Kultur etwas anderes

Die Frage: »Was ist Wohlstand?« wurde zu allen Zeiten und in allen Kulturen unterschiedlich beantwortet. Das heißt, was jeweils von den Mitgliedern einer Gesellschaft als Wohlstand gefordert oder definiert wurde und wird, bestimmt sich anhand eines komplizierten, zudem ständigen Schwankungen unterworfenen Wertesystems. Was als Wohlstand gilt, entscheidet jedes Jahrhundert, jede Generation, oft auch jedes Jahrzehnt neu. Zudem gibt es keine zuverlässige Meßskala dafür. Gerade hier gilt der Satz des vorsokratischen Denkers Heraklit, daß alles im Flusse ist: Der Wohlstand des Vaters ist die Erbärmlichkeit des Sohns, wobei beide im Geld schwimmen oder auf der Straße hungern können und doch unterschiedlich ihr Glück, ihr Sein und ihre Habe in ihrer Zeit bemessen und bewerten.

Wie bei vielen kulturellen Erscheinungen ist hier der Augenblick (der in kulturanthropologischer Sicht durchaus größere Zeiträume – Jahre, eventuell sogar ein Jahrzehnt und mehr – umfassen kann) der Gradmesser für jedwede Bewertung. Und augenblicklich schlägt die Nadel unseres kulturellen Selbstverständnisses stark in Richtung äußerer Werte aus, die da sind: Geld und Statussymbole, funktionalisiert als Genuß- und Konsumhaltung des Hedonismus.

Diese Bewertungsskala kann sich ändern und wird sich nach unserem Dafürhalten ändern.

Nichts spricht dagegen, daß auch und gerade eine gute Nachbarschaft, ein intaktes Familienleben oder eine gewaltfreie Lebensumgebung als Wohlstand empfunden werden können. Ebensogut könnte man einen Zustand wie *Zeit haben* als Wohlstand erachten. Und wir sind sicher, daß die Entwicklung unserer Gesellschaft in diese Richtung verlaufen wird.

Wir haben uns im vorigen Kapitel intensiver mit einer Denkrichtung beschäftigt, die das Potential hat, den Humusboden für eine neue Gemeinnützigkeit, eine Renaissance der gesellschaftlichen Verantwortung, abzugeben. Denkrichtungen wie der Kommunitarismus sind *zeitgemäß* in dem Sinn, daß sie eine reale wirtschaftliche und politische Veränderung, eine drohende Erodierung der Gesellschaft abstützen können wie Pfeiler einen Bergwerksschacht.

Natürlich wäre es äußerst naiv anzunehmen, allein eine Neudefinition der Wertvorstellungen unserer Gesellschaft könnte uns aus dem Schlamassel ziehen – ein Trugschluß nach dem Motto: Ab morgen denkt jeder statt an persönlichen Vorteil oder Gewinn gemäß dem mentalen Strickmuster »arm, aber gesund« oder »Armut schändet nicht«, und schon wird alles gut!

Reale Probleme wie Arbeitslosigkeit müssen selbstverständlich auch real gelöst werden. Dabei kann die Änderung unseres Wertesystems nur eine – wenn auch eine bedeutsame – Absicherung, eine Stütze, sein. Gerade so, wie der Bergwerksschacht nach vorne getrieben wird, um wichtige Rohstoffe zu schürfen, während die Stützstreben die Bewegungsfreiheit nach hinten absichern. Wenn der Staat die notwendigen Mittel nicht mehr aufbringen kann, um den gewohnten Wohlstand aufrechtzuerhalten, wir aber dennoch auf ein Freibad, eine Bibliothek, einen sauberen Park usw. nicht verzichten wollen, müssen wir eben eine **andere Absicherung** schaffen, um uns und unseren Nachkommen auf neue Art den gewohnten Wohlstand zu sichern.

In diesem konkreten Fall könnte eine Änderung der Wertvorstellungen jedes einzelnen so aussehen, daß er durch private Initiative, private Arbeitsstunden und privaten Einsatz für die Allgemeinheit dazu beiträgt, den Wohlstand für alle zu sichern.

Wie könnte ein konkretes Beispiel für veränderte *Wertvorstellungen* aussehen?

Das Wiedererstehen einer Kultur der Freigebigkeit als persönlicher Lebensstil ist zunächst einmal ein gutes Beispiel. Die griechische Kultur hat für Freigebigkeit das Wort *eleutheriotês* – analog zu *eleutheros*, dem Freien. »Wer an seinem Vermögen festklebt und eifersüchtig auf seine Vermehrung achtet, ist ein Krämer; Zeichen des eleutheros, des Freien, ist die Bereitschaft, anderen zu geben.«[1] Geben ist dabei nicht eingeschränkt auf Pekuniäres – ebensogut steht es für Hilfe, Zuwendung, Arbeitszeit oder Teilen eines Arbeitsplatzes.

Gleiches gilt natürlich auch für das Problem der zukünftigen Arbeitsverteilung: Die real vor unseren Augen ablaufenden wirtschaftlichen Veränderungen sind äußerst komplex, die Zusammenhänge schwer durchschaubar und, anders als Alexanders Gordischer Knoten, nicht mehr mit einem einzigen Hieb, also einem einzigen Lösungsmodell, entwirrbar.

Aus diesem Grund holen Politiker auch so gern die Phrasendreschmaschine aus der Garage, wenn die Frage nach den Lösungsansätzen kommt. Dann werden Allgemeinplätze wie »Immer weniger Arbeit muß auf immer mehr Menschen verteilt werden« mit einem Optimismus in die Talkrunde geworfen, als wohne diesem Spruch ein mächtiger

---

[1] Otfried Höffe: »Individuum und Gemeinsinn«, in: »Neue Zürcher Zeitung« vom 20. Mai 1995.

Zauber inne, der das Gesagte wie in einem Grimmschen Märchen quasi automatisch Wirklichkeit werden lasse. Vielleicht geben sich die Adressaten ja auch deshalb mit solchen Phrasen zufrieden, weil ihrerseits die berechtigte Angst besteht, daß sie im Falle des Nachhakens und Hinterfragens Gefahr laufen, noch Schlimmeres verkraften zu müssen.

Immer weniger Arbeit muß tatsächlich auf immer mehr Menschen verteilt werden. Wenn jedoch viele klassische Beschäftigungsfelder wegfallen, ist klar, daß an anderer Stelle eine Vielzahl neuer Arbeitsmöglichkeiten entstehen muß, um der Probleme Herr zu werden. Einer der Silberstreifen am Horizont wird vor diesem Hintergrund besonders die Entwicklung des Non-Profit-Marktes sein.

Neue gemeinschaftliche Ziel- und private Selbstfindung in der Bürgergesellschaft

Die *Bürgergesellschaft* ist kein theoretischer Begriff, wie es auf den ersten Blick scheinen mag. Er hat in Baden-Württemberg bereits weitreichende praktische Konturen. Das Vorbild ist der Kommunitarismus, dessen amerikanische Vertreter bei der Umsetzung im *Ländle* auch tatkräftige Schützenhilfe leisteten. So neben Michael Walzer der in New Jersey lehrende Benjamin Barber, der anläßlich eines Besuchs in Baden-Baden am 14. März 1995 ein Konzept vorstellte, das auch dem mehrjährigen Projekt namens *Arbeitsgemeinschaft zur Förderung des Bürgerschaftlichen Engagements*, das mit den kommunalen Spitzenverbänden Baden-Württembergs vereinbart wurde, als programmatische Leitlinie vorstehen mag.

Barber führte aus: »Die Bürgerschaft oder die zivile Gesellschaft ist die Domäne der Staatsbürger: Sie ist der Bereich zwischen Privatwirtschaft und Regierung. Sie steht zwischen dem Staat und dem Markt und kann damit eine unbequeme Regierung in Schranken halten, ohne öffentliche Güter dem Privatbereich zu überlassen, und gleichzeitig den Geruch des Abgesondertseins und der Gier, den Märkte so an sich haben, zerstreuen, ohne in den Abgasen einer von Tatendrang erfüllten Regierung zu ersticken.«[2]

Das hehre Ziel hinter besagtem Projekt in Baden-Württemberg ist die Bürgergesellschaft. Als Art dritte Kraft soll sie zwischen den Aktionsradien von Privatwirtschaft und Staat wirksam werden und durch freiwilliges gemeinnütziges Engagement ein zukunftsträchtiges Bollwerk aufbauen[3] gegen die fortschreitende Auflösung aller zwischen dem einzelnen und der Gesellschaft vermittelnden Strukturen. Natürlich ist die Bürgergesellschaft in Deutschland insgesamt noch eine visionäre Leitvokabel. Gleichwohl wird derzeit in unterschiedlichen Organisationen und Orten im Land daran gearbeitet, dieses Konzept mit Leben zu erfüllen, ohne daß man dabei immer die gleiche Grundüberzeugung teilt.

Zudem gab es das von der Bürgergesellschaft angestrebte Engagement, lange bevor die amerikanische Kommunitarismus-Diskussion und die wachsenden Löcher der Sozialkassen eine Renaissance des Ehren- und Freiwilligenamts einleiteten. Nennen wir nur die beiden größten Organisationen: das Technische Hilfswerk (THW) mit sechzigtausend ehrenamtlichen Helfern und das Rote Kreuz, das noch

---

[2] Benjamin Barber in Baden-Baden am 14. März 1995, zitiert nach: Bürger engagiert, Sonderausgabe, hrsg. vom Ministerium für Arbeit, Gesundheit und Sozialordnung Baden-Württemberg, S. 4.

[3] Siehe Jörg Ueltzhöffer, Carsten Ascheberg: Engagement in der Bürgergesellschaft. Die Geislingen-Studie. Ein Bericht des Sozialwissenschaftlichen Instituts für Gegenwartsfragen Mannheim (SIGMA), hrsg. vom Sozialministerium Baden-Württemberg, Stuttgart 1996, S. 9–32, bes. S. 12.

mehr freiwillige Mitarbeiter hat. Und sowieso gibt es kaum einen Ort ohne freiwillige Feuerwehr.

Wir sollten uns, was die Zahl der ehrenamtlich Tätigen angeht, nicht durch hohe Zahlen (zum Beispiel aus der Zeitbudgetstudie der Bundesregierung) euphorisieren lassen. Wir haben in Deutschland im Vergleich zu den angelsächsischen Ländern noch großen Nachholbedarf in Sachen Sozialengagement. Dort sind die Nächstenhilfevereine (*Charities*) und die Freiwilligen (*Volunteers*) schon nicht mehr aus der Gesellschaft wegzudenken, während wir noch ziemlich am Anfang stehen.

Allerdings hat es den Anschein, daß jetzt eine wachsende Anzahl Bürger in solchen freiwilligen Engagements einen neuen Sinn findet. Älteren Mitbürgern eröffnen sich hier neue soziale Beschäftigungsfelder, die ihnen im Alter neue Aufgaben und gesellschaftliche Anerkennung bieten, und jüngere Menschen definieren für sich in solchen Beschäftigungen einen neuen Erlebniswert, den die großen freiwilligen Hilfs- und Wohltätigkeitsorganisationen derzeit durch neu aufgesetzte Imagekampagnen gezielt anzusprechen versuchen.

Hier muß ein zunehmend professioneller Markt entstehen, in dem Motivationen und Bedürfnisse von Menschen, die bereit sind, sich zu engagieren, mit Angeboten zusammengebracht werden müssen. Dies eingedenk der Tatsache, daß immer mehr Menschen in unserer Gesellschaft mehr freie Zeit haben, mit der sie etwas Sinnvolles anfangen wollen. Da konkurriert das Angebot der ehrenamtlichen Tätigkeit mit vielfältigen Angeboten. Im baden-württembergischen Esslingen hat man auf diese Wettbewerbssituation bereits reagiert. Dort präsentiert sich der Landkreis als professioneller Anbieter von ehrenamtlichen Engagementofferten – mit zugehörigem Marketing! So gibt der Landkreis einmal im Jahr einen Katalog mit Angeboten heraus, die vielfältigste Interessen- und Arbeitsfelder abdecken. Auch scheut man sich nicht vor

einem knackigen, profilträchtigen Namen für die ehrenamtlichen Arbeiter – *Volunteers.*

Die Imageaufwertung ist auch deshalb dringend gebo-
ten, um die Frage: »Sind Sie Profi oder in einem Ehrenamt
tätig?« ad absurdum zu führen. Tatsächlich nämlich setzt
sich freiwillige Arbeit oft in Qualitätssteigerung in dem jeweiligen Dienstleistungsbereich um. Hierzu Hermann Kehrings in »caritas«: » Vor einigen Jahren, als der Pflegenot-
stand in den Krankenhäusern ausgerufen wurde, haben sich
viele Frauen bereit erklärt, ehrenamtlich in der Patienten-
betreuung tätig zu werden. Es ging um Leistungen, wozu
die angestellten Mitarbeiter/-innen (die professionellen
Kräfte) keine entsprechende Zeit mehr hatten. Diese ehrenamtlichen (!) haben Zeit zu einem Gespräch, zu Hilfe-
stellungen und Besorgungen ... Heute ist dieser ehrenamtliche Dienst aus dem Krankenhausalltag nicht mehr wegzudenken.«[4]

Die Dienstleistung *Krankenhauspflege* gewinnt also
durch die Freiwilligen eine erhebliche Qualitätssteigerung.
Und diese beiden Werte *Dienstleistung* und *Qualitätssteigerung* müssen ins Zentrum der professionellen Vermarktung
gerückt werden: weil die Gesellschaft den Wert der Freiwil-
ligenleistung neu und höher bewerten muß und weil die
Freiwilligen eine Anhebung ihres Status, ihrer gesellschaftlichen Reputation und ihres Selbstwertgefühls benötigen
und verdienen.

Eine *Qualitätssteigerung* wird sofort erreicht, wenn
Werkzeuge und Arbeitsbegriffe der freien Wirtschaft wie
Werbung, Marketing, Pressearbeit oder *Zielgruppenbestim-
mung* auch in den sozialen Sektor Einzug halten und zur
Selbstverständlichkeit werden. Dies wird wiederum eine
deutliche Qualitätssteigerung der im Bereich der Ehren-
amtlichkeit tätigen Politiker, Sozialplaner und Verbands-

---

[4] Hermann Kehrings in: »caritas«, 96 (1995), S. 204.

vertreter fördern. Was dem gesamten Verwaltungsapparat zugute käme.

Das Ehrenamt muß zukünftig, auch wenn es profan klingen mag, genauso gezielt und systematisch vermarktet werden wie jedes andere privatwirtschaftliche Produkt. Dazu bedarf es zwangsläufig eines *Freiwilligen- oder Ehrenamt-Managers* mit entsprechender Professionalität. Vorteil Nummer eins, der daraus entsteht: Der Zwang zur Professionalisierung bietet die Chance zur künftigen Entwicklung völlig neuer Berufsbilder. Damit wird das *Ehrenamt* auch von seinem etwas biederen oder hausbackenen Image befreit und kann sich zur *Kaderschmiede* von Profi-Führungskräften für Non-Profit-Organisationen weiterentwickeln. Vorteil Nummer zwei: Profi-Ehrenämtler werden es schaffen, die Finanzierung vieler Projekte, die heute noch durch staatliche Gelder am Leben gehalten werden, viel stärker auf Spenden, Sponsoring und eigenwirtschaftliche Einnahmen umzustellen.

Wir haben zu Beginn dieses Buches deutlich gemacht, daß eine wichtige Ursache unserer wirtschaftlichen und mentalen Depression aus der derzeitigen Führungskultur herrührt. Fehlende Langfristigkeit und mangelnde Vorbildhaftigkeit waren die Stichworte.

Aus einem wachsenden Engagement *von unten* her, begründet in sozialer Verantwortung und gepaart mit dem Wunsch zum Langfristigen und Nachhaltigen, wird ein wichtiges Ausbildungspotential für Führungsnachwuchs entstehen. Diese Führungskräfte haben das Zeug dazu, die Werte der *märchenhaften* Bellheim-Crew wieder Wirklichkeit werden zu lassen.

Eine schnell wirkende Maßnahme könnte darin bestehen, daß Absolventen von Eliteschulen, statt direkt zum großen Geld zu streben, zuerst mal ein – nennen wir es – soziales Jahr absolvieren, um sich hier nach der schulischen noch die Charakterbildung zu holen. Das sollte natürlich auf der Basis von Freiwilligkeit geschehen – und wenn die

Personalleiter der großen Unternehmen ihren Fokus zukünftig gerade auf diese jungen Menschen legen, kann so etwas schnell gesellschaftliche Realität werden.

Auch so können Unternehmen ihrer gesellschaftlichen Verantwortung gerecht werden.

Non-Profit bedeutet nicht No Profit

Ein weiterer wichtiger Stützpfeiler der sozialen Infrastruktur im Zeichen gravierender wirtschaftlicher und damit einhergehender fiskalischer Strukturprobleme ist der Non-Profit-Bereich. In den führenden Industrienationen zeichnet sich generell ein deutlicher Anstieg des Non-Profit-Marktes ab. Vorreiter sind, wer sonst, die USA.

Was ist gemeint, wenn von Non-Profit-Markt oder Non-Profit-Sektor die Rede ist? Gemeint sind alle Dienstleistungen im Bereich Gesundheit, soziale Betreuung, Ausbildung, zum Teil auch Forschung, Kultur und zu einem guten Teil Sport.

Gleich zu Anfang ein paar Zahlen hierzu, die schon deshalb nicht langweilige Statistik sind, weil sie Mut machen für die Zukunft. So ist die Beschäftigtenzahl im Non-Profit-Sektor in den USA von 1980 bis 1990 um einundvierzig Prozent (von knapp fünf Millionen Menschen auf über sieben Millionen) angestiegen. In den USA waren 1994 schon 6,8 Prozent aller Beschäftigten im Non-Profit-Sektor tätig, in Deutschland gerade mal 3,7 Prozent.[5]

Unter den zehn Berufen mit den höchsten erwarteten Stellenzuwächsen in den USA (für den Zeitraum von 1994 bis 2005) befinden sich immerhin sechs aus dem Non-Profit-Sektor, wobei den beiden ersten – Hilfe in der häusli-

---

[5] Aus: »Mitbestimmung«. Magazin der Hans-Böckler-Stiftung, 7/8 1996.

chen und persönlichen Betreuung sowie in der häuslichen Krankenpflege – ein Wachstum von 118,7 beziehungsweise 102,0 Prozent prognostiziert wird. Und dies von einem heute schon hohen Niveau aus.[6]

Nun ist die Zahl der Beschäftigten eine Sache – und hier macht das Beispiel USA heute schon Hoffnung. Eine andere Sache hingegen ist die Frage, wer das alles bezahlen wird.

In Deutschland wird dieser Bereich traditionell von der »öffentlichen Hand«, wie es so schön diskret heißt, bezahlt. Und diese öffentliche Hand ist bekanntlich schon seit längerem leer, wie auch der öffentliche Säckel, in den diese Hand immer wieder gern hineingegriffen hat. An dieser Stelle spuckt die Phrasendreschmaschine dann gerne die Sprachhülsen *Rotstift*, *Kürzung* und *Nicht mehr bezahlbar* aus. Obwohl auch hier hoffnunggebende Zahlen aus den USA vorliegen, die in eine andere Richtung weisen. Während nämlich in Deutschland fast siebzig Prozent der Finanzierung des Non-Profit-Bereichs durch die öffentliche Hand erfolgen, sind es in den USA gerade noch 29,2 Prozent.[7]

Die notwendigen Gelder fließen in den USA zum einen aus der gegenüber deutschen Verhältnissen fast doppelt so hohen Finanzierung aus eigenwirtschaftlicher Tätigkeit und den immerhin fünfmal so hohen privaten Zuwendungen, dem sogenannten Social Sponsoring oder auf deutsch Sozio-Sponsoring, auf das wir im folgenden ausführlich zu sprechen kommen.

Die bisher praktizierte Form des Subsidiaritätsprinzips – private Organisationen erhalten Auftrag und Geld zur Durchführung von Maßnahmen – zur Finanzierung des sozialen Sektors ist absehbar am Ende. Der Staat kann die Aufgaben zwar weiter verteilen, jedoch nur noch zu einem

---

[6] Aus: Deutschland in der globalen Dienstleistungsgesellschaft, hrsg. vom Institut der deutschen Wirtschaft, Köln 1997.
[7] Stand 1994, zitiert nach »Mitbestimmung«, 7/8 1996.

180

wesentlich reduzierten Teil mit Geldmitteln versehen. An dieser Stelle werden Privatinitiative und Sponsoring als neue *Partner* in die Subsidiaritätsbeziehung eintreten müssen. Das Beispiel USA zeigt anschaulich, wie schon erwähnt, wohin die Entwicklung geht.

Sozio-Sponsoring: fördern und fordern

Sponsoring in seiner ganzen Bandbreite ist jedem Marketingleiter als Werkzeug seiner täglichen Arbeit hinreichend bekannt. Genutzt wird dieses Werkzeug in Deutschland durchaus mit Maß und Ziel, in der Vergangenheit allerdings sehr sportlastig und in den letzten Jahren mit einer deutlichen Verschiebung auf die Seite Kultur.

Insgesamt lag der Sponsoringmarkt in der Bundesrepublik 1995 bei knapp zweieinhalb Milliarden DM.[8] Davon entfielen rund siebzig Prozent auf das Sport-Sponsoring (mit leicht fallender Tendenz), zwanzig Prozent auf Kultur-Sponsoring (mit leicht steigender Trendkurve) und etwa zehn Prozent auf Sozio- und Umweltsponsoring (mit stärker steigender Trendkurve).

Bilden Umwelt- und Sozio-Sponsoring demnach das Schlußlicht auf der Rangskala der Sponsoring-Aktivität, so gibt es auch hier noch mal einen Unterschied: Während sich das Umwelt-Sponsoring nicht zuletzt durch die Medienpräsenz von Greenpeace & Co. in den letzten Jahren doch einigermaßen etabliert hat, stecken in Deutschland Kultur und Praxis des Sozio-Sponsoring zum gegenwärtigen Zeitpunkt noch in ihren allerersten Kinderschuhen.

---

[8] Zahlen aus Manfred Bruhn: Sponsoring. Unternehmen als Mäzene und Sponsoren, Frankfurt/M. 1991.

Was genau ist Sozio-Sponsoring? Sozio-Sponsoring greift per Definition direkt im sozialen Bereich der Gesellschaft, bietet Hilfe dort, wo der staatliche Rotstift ansetzt: im Bereich Gesundheit und bei sozialen Diensten, Arbeitslosigkeit, Jugendhilfe und vielem mehr. Im Sinne der kommunitaristischen Idee muß Sozio-Sponsoring dabei erfolgreich den Spagat meistern zwischen unternehmerischer Gewinnerwartung und neuer Ethik.

Wie bei jeder anderen Form von Sponsoring gilt auch beim Sozio-Sponsoring das Prinzip von Leistung und Gegenleistung. Der Sponsor gibt etwas – Geld, Sachmittel, Know-how – und erwartet dafür zu Recht eine Gegenleistung: bessere Marktdurchdringung, ein Umsatzplus, Imagegewinn. Auf der anderen Seite kann und soll Sozio-Sponsoring auch eine neue Ethik befördern und gegen den Hang der Menschen zur Unersättlichkeit, schon bei den alten Griechen bekannt und von ihnen als *Pleonexie* beschrieben, eine andere Moral stellen, am besten mit Ludwig Erhards »Maßhalten« umschrieben. Auch hier wieder gemäß dem Motto: »Wer viel hat, gebiete seinem Hang zur Unersättlichkeit Einhalt und gebe ab.«

Erfolgreich umgesetzt, wird das Sozio-Sponsoring dazu beitragen, den Non-Profit-Sektor auch in Deutschland mehr und mehr vom staatlichen Tropf abzuhängen. Damit dies gelingen kann, werden wir mutige Macher, einen engagierten Typus Manager – eben den couragierten Bellheim – benötigen.

Und zwar auf beiden Seiten der Waagschale: in der Führungsspitze der Non-Profit-Organisationen ebenso wie in den Führungsspitzen der kommerziellen Unternehmen, denen das Sozio-Sponsoring neben seinem Nutzen als alternatives Marketinginstrument mit Zukunft die Möglichkeit bietet, ihrer derzeit häufig bemängelten gesamtgesellschaftlichen Verantwortung wieder besser gerecht zu werden. Glaubhaft – über die betriebswirtschaftliche Kosten-Nutzen-Kalkulation hinaus – werden sie ihr Engagement und ihre Ernsthaftigkeit allerdings nur dann dauerhaft dokumentieren können, wenn das Sozio-Sponsoring in eine neue Unternehmensethik Eingang findet, in der es ein wichtiges Teilstück eines neuen betrieblichen und betriebswirtschaftlichen Selbstverständnisses ausbildet.

Die *verantwortliche Hierarchieebene* der Non-Profit-Organisationen, denken wir hier an die Spannbreite von der Caritas bis zum Roten Kreuz, rekrutiert sich zumeist aus Menschen, die einem Sozialberuf entstammen. Oft genug finden hier aber auch »verdiente« Veteranen der politischen Parteien oder der staatlichen Verwaltung ihre Pöstchen. Daraus resultiert, daß diese Organisationen oft nicht oder zuwenig nach professionellen wirtschaftlichen Gesichtspunkten geführt werden. Wenn Not am Mann oder Ebbe im Spendentopf ist, dann werden traditionell die alten Seilschaften in den staatlichen Verwaltungsapparaten aktiviert und entsprechende Haushaltsbudgets angezapft. Weil das immer so praktiziert wurde, wissen die Verantwortlichen in der derzeitigen schwierigen Situation auch nur wenig mehr anzubieten, als die staatliche Rotstiftpolitik zu beklagen. Und dabei werden sie, diese Prognose sei uns erlaubt, enden wie die jungen Vögel im Nest, die mit weitaufgerissenen Mäulern nach der elterlichen Fütterung schreien, obwohl die guten Vogeleltern längst vom (Bundes-)Adler erlegt wurden.

Wir gehen davon aus, daß in den nächsten zehn Jahren eine spürbare Professionalisierung der Non-Profit-Organisationen einsetzen wird. Fähige, engagierte Leute werden den Non-Profit-Markt als berufliches Betätigungsfeld entdecken, in dem sie ihr wirtschaftliches Know-how beweisen können und hohe gesellschaftliche Anerkennung erfahren. Und die Organisationen selbst werden neue »Futterquellen« benötigen und diese nur in der freien Wirtschaft finden.

Unterstützend dazu erwarten wir, daß auch die Fachhochschulen reagieren werden und zukünftig Studiengänge möglich werden, weil gesellschaftlich gefragt, in denen sich Sozialarbeit, Ethik und Betriebswirtschaft sinnvoll verbinden.

Wir werden wieder siegen lernen, wenn es uns gelingt, diese gesellschaftlichen Potentiale schnell zu erschließen, was bedeutet, daß die hierzu notwendigen Entscheidungen unbürokratisch vorangetrieben werden müssen.

Wir hatten einleitend gesagt, daß sich auch die Führungsspitzen der Unternehmen deutlich in Richtung gesellschaftlicher Verantwortung bewegen müssen. Während CI, die Corporate Identity, heute jedem geläufig ist, muß CE, die Corporate Ethic, erst gelernt werden. Es erscheint eben immer noch wesentlich befriedigender, sich als Geldgeber, als Marketingleiter, neben einem Boris Becker oder Michael Schumacher abgelichtet zu sehen. Dagegen ein Foto mit Werner Haber, seit achtzehn Jahren obdachlos?

Tatsache ist aber auch, daß der mündige Verbraucher in allen Industrienationen immer stärker auf den ethischen und ökologischen Kontext schaut, in den sich ein Unternehmen einbettet. Sind es derzeit noch sehr stark Umweltgesichtspunkte, wird sich schon bald die gesellschaftliche Verantwortung, die das Unternehmen aktiv übernimmt und glaubwürdig präsentiert, im Brennpunkt des Interesses befinden. Eine neue Führungsriege wird dem, wir sind da sehr sicher, schon bald Rechnung tragen.

Und warum sind wir da so sicher? Weil jeder Schritt in die andere Richtung uns über den Abgrund hinaus befördern wird.

Hier mag mancher Bedenkenträger aus der Wirtschaft einwenden, daß sich Ethik und Verantwortung nach landläufiger Meinung schlecht mit unternehmerischer Profitabilität vertragen. Umgesetzt auf den Bereich des Sozio-Sponsorings heißt nach unserem Dafürhalten das Prinzip, das zwischen Verantwortung und Ethik auf der einen und Profitabilität auf der anderen Seite vermittelt, *fördern und fordern*. Möglichkeiten des Engagements gibt es genug,

Beispiele lassen sich ad hoc aus unterschiedlichsten Bereichen nennen. Ihnen werden unmittelbar weitere aus Ihrem individuellen Lebensbereich einfallen.

➢ Krankenhäuser müssen sparen und bitten Patienten und deren Angehörige seit langem gehörig zur Kasse. Inzwischen müssen die Besucher häufig schon Parkplatzgebühren, und nicht zu knapp, vor den Krankenhäusern zahlen. Das trifft selbstverständlich die, die am ärmsten dran sind, am heftigsten. Warum nicht als Unternehmen Parkplatzgebühren sponsern? Eine riesige Tafel weist darauf hin: Die Parkplatzgebühren zahlt für Sie Bayer? Rabenhorst Säfte? Eine solche Maßnahme kann bundesweit beworben werden und für Imagegewinn sorgen.

➢ Frauen in Entbindungsstationen bekommen nur noch ein Päckchen Binden kostenlos. Warum nicht: Alle Binden wurden Ihnen mit freundlicher Empfehlung von Camelia gestiftet.

➢ Immer wieder wird darüber geklagt, daß Arbeitslose nicht eine Tätigkeit in der Landwirtschaft oder in Weinbergen annehmen. Das naheliegendste Problem wird dabei häufig übersehen: Wie sollen die Arbeitslosen dorthin kommen, wie die dreißig oder vierzig Kilometer überwinden? Hier könnten Unternehmen oder Vereinigungen in Absprache mit dem örtlichen Arbeitsamt ganz einfach einen Bus sponsern, der morgens am Arbeitsamt losfährt und abends dorthin zurückkehrt. Der Bus dient als kostenlose Werbefläche, die Aktion kann beworben werden etc. Die Idee liegt nahe, bloßes Lamentieren hingegen ist einfacher.

➢ Immer wieder ereifern sich die Einzelhandelsvereinigungen deutscher Innenstädte, durch Drogenabhängige und Penner würden Kunden die Lust am Einkauf verlieren! Noch nie hat man gelesen, daß diese Verbände, zum Beispiel in Zusammenarbeit mit der Stadt oder anderen Trägern, ein Musterprojekt zur Lösung solcher Probleme initiiert und finanziell mitgetragen hätten.

➤ Was spricht dagegen, daß regional starke Immobilienunternehmen, Bauträger oder Makler auch regionale Obdachlosenprojekte unterstützen? Ausschließlich mangelnde Phantasie oder fehlender Mut. Dabei könnte gerade die Berufsgilde der Makler mit solchen Maßnahmen ganz erheblich an ihrem gesellschaftlichen Image polieren. Mit Witz und schon besagter Phantasie, in Eigenwerbung umgesetzt, wäre eine solche Sponsoring-Aktion *öffentlichkeitswirksam* im allerbesten Sinn.

➤ Alte Menschen, Kranke und Bedürftige, die aus eigener Kraft nur noch wenig selbständig organisieren können, erhalten in Deutschland ein öffentlich bezuschußtes Essen. Für dieses *Essen auf Rädern* fahren tagein, tagaus Hunderte Autos durch die Städte der Republik. Warum sollte nicht ein großer Lebensmittelhersteller diese Werbeflächen massiv besetzen und gleichzeitig durch diese finanziellen Zuwendungen zusätzliche Gelder in die Kassen der betreibenden Wohlfahrtsverbände fließen lassen (und möglicherweise sogar die Qualität des Transportgutes verbessern)?

Tue Gutes und sprich darüber. Fördere und fordere. Wir sind der festen Überzeugung, daß Maßnahmen der obigen Art sich im Bewußtsein des Bürgers (hier in seiner Eigenschaft als Konsument) nachhaltiger festsetzen als jede Bandenwerbung, egal wie bedeutend das Sportereignis auch sein mag – ganz zu schweigen von der traditionellen Medien- und insbesondere Fernsehwerbung, die angesichts der Reizüberflutung, des Überangebots und der technischen Möglichkeit des *Weg-Zappens* zunehmend ihre Wirkung einbüßt.

Die Adizes-Methode brachte mittlerweile weltweit über 450 Unternehmen und Organisationen auf Erfolgskurs.

Wirtschaftsverlag Langen Müller Herbig

Ichak Adizes beschreibt Schritt für Schritt, wie man die Stärken und die Schwächen eines Unternehmens steuern und ein zukunftsförderndes und innovatives Betriebsklima schaffen kann.